Sebastian C. Dewaldt / Heiko Ziemer

Diskriminierung und Ausgrenzung per Gesetz

Schicksale jüdischer Notare und Konsulenten im OLG-Bezirk Jena zur Zeit des Nationalsozialismus

Jenaer Schriften zur Geschichts- und Staatswissenschaft

Diskriminierung und Ausgrenzung per Gesetz

Schicksale jüdischer Notare und Konsulenten im OLG-Bezirk Jena zur Zeit des Nationalsozialismus

von

Sebastian C. Dewaldt / Heiko Ziemer

SOCIETAS 2014

Bibliographische Information der Deutschen Nationalbibliothek

Die Deutsche Nationalbibliothek verzeichnet diese Publikation in der deutschen Nationalbibliographie; detaillierte bibliographische Daten sind im Internet über <http://dnb.ddb.de> abrufbar.

Societas Verlagsgesellschaft KG, Jena, 2014

ISBN 978-3-944420-09-7

www.societas-verlag.de

Geleitwort

Die Entrechtung, Vertreibung und Vernichtung der Juden gehört zu den dunkelsten Kapiteln der deutschen Geschichte. Insbesondere der Ausschluss der Juden aus dem öffentlichen Leben gehörte von Beginn an zur Programmatik der Nationalsozialisten. Am Anfang standen bloße Forderungen, denen willkürliche Maßnahmen und schließlich die unbarmherzigen, ideologisierten Gesetze über die Wiederherstellung des Berufsbeamtentums, der Zulassung zur Rechtsanwaltschaft sowie die Reichsnotarordnung folgten.

Notare nehmen durch ihre Beurkundungstätigkeiten am täglichen Leben aller Schichten der Bevölkerung teil. Es versteht sich nahezu von selbst, dass diese Arisierungsbestrebungen neben Beamten, Ärzten, Rechtsanwälten u.a. auch sie getroffen haben. Den Vertretern der Notare, z.B. dem Vorsitzenden des Deutschen Notarvereins *Curt Elze* und dessen jüdischem Geschäftsführer *Sternberg*, blieb aus Protest gegen die politischen Veränderungen bzw. wegen ihres Glaubens letztlich nur der Rücktritt von ihren Ämtern, den sie noch 1933 vollzogen haben.

Die vorliegende Arbeit beschäftigt sich mit den Notaren im damaligen Bezirk des Oberlandesgerichts Jena. Die Autoren gehen den Biographien von Menschen nach, die teilweise im ersten Weltkrieg im deutschen Heer gekämpft und sich in demokratischen Parteien für die Weimarer Republik stark gemacht haben. Nur die Tatsache, dass sie anderen Glaubens oder „*anderer Abstammung*“ waren, führte zu ihrem Ausschluss aus der „*deutschen Volksgemeinschaft*“, zur Versagung der für den Beruf des Notars unabdingbaren „*Reichsbürgerschaft*“. Diese Darstellung der Einzelschicksale und die erstmalige Untersuchung der Geschäftszahlen „*jüdischer*“ Notare geben der vorliegenden Arbeit die besondere Note.

Nachdenklich stimmt etwa das Schicksal des Eisenacher Notars *Erich Brückmann*, der einst als Kriegsfreiwilliger für Deutschland kämpfte und durch die Nationalsozialisten zur Mittellosigkeit und schließlich zur Auswanderung gezwungen wurde. Bestürzend auch die Worte des Sondershäuser Notars *Kurt Boer* in seinem Abschiedsbrief, der nach dem Berufsverbot und den immer weiter wachsenden Repressalien von „*sich dauernd steigernden seelischen Aufregungen*" schreibt, die ihm „*das Dasein zur Qual*" machen. Er ging schließlich den „*Weg ..., der mich von allen Nöten befreit*". Nicht besser erging es dem Jenaer Notar *Walter Ledermann*, dem nahezu seine ganze Familie in den Tod gefolgt ist.

Das Gedenken an diese menschlichen Schicksale und die Aufarbeitung des geschehenen Unrechts ist und bleibt auch heute, 80 Jahre später, eine wichtige Aufgabe. Dem stellen sich die Autoren der vorliegenden Publikation und leisten damit einen wichtigen, zur weiteren Auseinandersetzung mit der Vergangenheit anregenden Beitrag.

Eckart Maaß, Notar
Vorsitzender Thüringer Notarbund e.V.

Inhaltsübersicht

Inhaltsverzeichnis

A. Einleitung

„Im Auftrag des Reichsministers für Justiz untersage ich Ihnen mit sofortiger Wirkung Ihre Amtstätigkeit als Notar fortzuführen. Die Untersagung wirkt rechtlich, wie wenn Sie aus Ihren Amt ausgeschieden wären.“[1]

Zur Programmatik der Nationalsozialisten gehörte von Anfang an, sämtliche Juden aus dem öffentlichen Leben zu verdrängen. Betroffen war auch eine Vielzahl an jüdischen Juristen: Anwälte, Notare und Patentanwälte. Dieser Beitrag widmet sich dem Gesetz zur Wiederherstellung des Berufsbeamtentums (GWBB) von 1933, dem entsprechenden Gesetz über die Zulassung zur Rechtsanwaltschaft (GZRA) und weitergehenden Gesetzen und Verordnungen. Schließlich wird auch auf das Schicksal jüdischer Notare im Land Thüringen eingegangen. Dabei stützt sich der Beitrag auf eine Untersuchung der Entwicklung der Geschäftszahlen in den Jahren 1931 bis 1935. Diese erfolgte mit Hilfe der im Thüringer Hauptstaatsarchiv vorhandenen Akten des Oberlandesgerichts Jena. Auch auf das Schicksal der Konsulenten – die den Thüringer Raum zum Teil aus Bayern und Sachsen mit betreuten – wird eingegangen.

Die für die Herausdrängung und Entrechtung wichtigsten Gesetze und Verordnungen finden sich am Ende des Beitrages in abgedruckter Form. Sachlich, juristisch-nüchtern, zum Teil aber auch euphemistisch formuliert, handelt es sich um Recht, dass die Gleichheit leugnete und dessen Ziel evidente Ungerechtigkeit war. Recht, das nicht als Recht bezeichnet werden kann, sondern das Verdikt Unrecht verdient. Dennoch wurde es gebilligt, angewendet und stetig weiterentwickelt.

Mit der nationalsozialistischen Gesetzgebung nahm schließlich die kurze Epoche, in der Juden gesetzlich gleichberechtigt waren, ein Ende.

[1] ThHStAW, Akten des ThürOLG Jena, 1118/ Bl. 167, 02.10.1935.

Die Geschichte des Judentums in Thüringen war bis dahin von wechselseitigen Beziehungen geprägt. Neben friedlichem Miteinander gab es auch immer wieder Ausschreitungen gegenüber den jüdischen Gemeinden. Einen Bruch in der friedlichen bis geduldeten Koexistenz zwischen Juden und Christen stellten die Verordnungen des Jenaer Universitätsstifters Kurfürst *Johann Friedrich I.* von Sachsen dar. Ab dem Jahre 1536 sollte *„kein Jude gelitten, noch geduldet werden"*[2]. Nach kurzzeitiger Lockerung der Gesetze erließ *Johann Friedrich* im Jahre 1543 endgültig, dass kein Jude und keine Jüdin hinfort in seinem Lande wohnen, noch darinnen handeln, wandeln, webern oder durchpassieren dürfe. Wer nach Ablauf einer Frist noch als Jude angetroffen werden würde, der solle den Schutz und Schirm des Kurfürsten verlieren.[3] Aufgrund des enormen politischen und wirtschaftlichen Druckes ließen sich viele Juden taufen. Mit den Gedanken der Aufklärung entwickelten sich allmählich bessere Bedingungen für die Emanzipation der Juden. Die Gleichberechtigung aller Konfessionen in bürgerlicher und staatsbürgerlicher Beziehung wurde erst am 3. Juli des Jahres 1869 im Norddeutschen Bund gesetzlich durchgesetzt. Im Zuge der Gründung des Deutschen Reiches 1871 wurde das geltende Recht auf die anderen deutschen Länder übertragen und die Emanzipation der Juden im ganzen Reich umgesetzt.[4]

Die Anzahl der Juden lag 1925 in Thüringen mit 0,22% weit unter dem Reichsdurchschnitt von 0,9%. Die größte Gemeinde der Region lag im preußischen Erfurt (800 Mitglieder). Im Jahre 1910 lebten 4.149 Juden in den Thüringer Kleinstaaten. 1933 durch Emigration nur noch 2.882.[5] Im Vergleich dazu lebten 1933 insgesamt 499.682 Juden im Deutschen Reich.[6]

---

[2] *Buchmann*, S. 42. Die antisemitisch konzipierte, 1940 veröffentlichte Arbeit *Buchmanns* würdigt *Johann Friedrich I.* als Begründer der Judenabwehr in Thüringen. Trotz dessen Parteilichkeit ist die Arbeit Buchmanns, aufgrund der Vielzahl der ausgewerteten Quellen, die uns heute z.T. nicht mehr zugänglich sind, von großer Bedeutung.

[3] Vgl. *Buchmann*, S. 43.

[4] BundGBl. 292 bzw. § 2 des Gesetzes betr. Die Verfassung des Deutschen Reiches vom 16.04.1871, RGBl. S. 63.

[5] Vgl. *Liesenberg*, S. 444.

[6] Ebenda, S. 450.

I. Die Entwicklung Thüringens zum nationalsozialistischen Mustergau

Am Ende des Ersten Weltkrieges, in der Zeit zwischen dem 9. und 25. November 1918, dankten die Thüringer Monarchen ab. Aus dem territorialen Flickenteppich wurde am 1. Mai 1920 ein einheitlicher Freistaat gebildet. Das neue Land Thüringen bestand aus den sieben bisherigen thüringischen Staaten Sachsen-Weimar-Eisenach, Sachsen-Altenburg, Sachsen-Gotha, Sachsen-Meiningen, Schwarzburg-Rudolstadt, Schwarzburg-Sondershausen und den Volksstaat Reuß, der sich aus den beiden reußischen Staaten am 4. April 1919 gebildet hatte. Zur Hauptstadt wurde Weimar erklärt. Erfurt und Umgebung verblieben unter preußischer Herrschaft und Sachsen-Coburg schloss sich dem Freistaat Bayern an.

Die Jahre der Weimarer Republik waren in Thüringen von ständig wechselnden politischen Konstellationen geprägt. Im Jahr 1923 kam es, wie in Sachsen, zur Bildung einer Landesregierung aus SPD und KPD, die zum „*Roten Oktober*" (die Vorbereitung auf einen kommunistischen Aufstand) in Sachsen und Thüringen führte. Beide Länder wurden mit der Reichsexekution belegt. Mit Hilfe der Reichswehr wurden kommunistische Aufstände niedergeschlagen und die Regierungen abgesetzt. Die Nähe der SPD zu den Kommunisten verspielte jegliche Glaubwürdigkeit bei den bürgerlichen Parteien, sodass eine Regierungsbildung republiktreuer Parteien in Thüringen unmöglich wurde. Die tiefe politische Spaltung zwischen linkem und rechtem Lager kam der NSDAP zugute. Bei den folgenden Wahlen konnte keines der Lager aus eigener Kraft die Mehrheit erreichen. Nur durch Tolerierung seitens der NSDAP konnte eine bürgerlich-nationale Regierung gebildet werden.

Bereits aus dem Jahr 1920 stammen Gesuche an den Thüringer Landtag, die ein Ende des Zuzuges und eine Ausweisung der Ostjuden forderten.[7] Die NS-Ideologie fiel folglich auf fruchtbaren Boden. Verantwortlich hierfür waren ohne Frage der verlorene Krieg und der als Friedensdiktat aufgefasste Vertrag von Versailles. Aber auch wirtschaftliche Not und traditionell vorhandener Antisemitismus. Von dem in den 20er Jahren vorhandenen Denken zeugt ein Beitrag in den Nachrichten des Gauverbandes Schlesien des Deutschen Schutz- und Trutzbundes:

---

[7] *Raßloff,* Antisemitismus auf parlamentarischer Bühne, S. 357 mit Verweis auf StB I, Landtag, Bd. I (1920/21), S. 605 f.

> *„Gerade im Anwaltsberuf kann sich jüdischer Geist schrankenlos entfalten. Der starre Schematismus im Römischen Recht, der stark semitische Züge aufweist, sichert dem Juden von vornherein Erfolgsmöglichkeiten, die dem gewissenhaften und sachlichen Deutschen verwahrt bleiben müssen. ... Dem deutschen Richter, dem deutschen Anwalt ist oberster Grundsatz das Prinzip der Wahrheitsfindung, dies ist im Charakter des Deutschen bedingt. Wie ganz anders ist die Prozessführung mancher jüdischer Anwälte, denen jedes Mittel recht ist, ihren Gegner zu schädigen.“*[8]

Der antisemitische Schriftsteller *Arthur Dinter*[9] – der 1924 in den Thüringer Landtag gewählt wurde und als Fraktionsvorsitzender des völkisch-sozialen Blocks fungierte – forderte bereits damals die bedingungslose Entfernung aller *„Juden“*. Unter Juden verstand Dinter alle *„Rassejuden“*, egal ob getauft oder nicht.[10] Seine weitergehenden Forderungen – Berufsverbote für jüdische Richter, Anwälte, Notare, Lehrer und Ärzte – klingen wie eine Prophezeiung des sich langsam anbahnenden Schreckens. Die Verbotsforderung für Juristen wurde mit den „seelischen und sittlichen Rasseeigenschaften“ begründet.[11] An diese Stelle passt auch ein Antrag der NSDAP im Thüringer Landtag aus dem Jahr 1925. Dieser forderte *„die Jenaer Universität für ausländische Juden und jüdische Dozenten zu sperren.“*[12]

Im Jahr 1930 kam es in Thüringen zur ersten Regierungsbeteiligung der Nationalsozialisten (Baum-Frick-Regierung). Der spätere *„Mustergau“* Thüringen wurde zum Versuchsfeld für die späteren Gesetze über die Wiederherstellung des Berufsbeamtentums. Mit Verordnungen versuchte die Regierung unter *Wilhelm Frick*[13] systematisch Juden und Andersdenkende zu entfernen.[14] Ihr Ziel war die *„Säuberung und Durchdringung des Beamtenapparats“*.[15] Bereits zu Zeiten der Weimarer Re-

---

[8] *Weber*, S. 31, zitiert auch bei *Krach*, S. 126.

[9] *Artur Dinter* (1876-1948) – Studierter Philosoph und Naturwissenschaftler. 1927 *Gauleiter*, später aus der NSDAP ausgeschlossen. Seine Deutsche Volkskirche wurde 1937 verboten.

[10] *Gibas*, S. 24.

[11] *Raßloff*, Antisemitismus auf parlamentarischer Bühne, S. 370.

[12] Vgl. *Hoßfeld*.

[13] *Wilhelm Frick* (1877-1946) – Jurist, Staatsminister in Thüringen und später Reichsminister des Inneren. Hauptkriegsverbrecher.

[14] *Neliba*, S. 77.

[15] *Raßloff*, Antisemitismus auf parlamentarischer Bühne, S. 371.

publik führten NSDAP-Mitglieder Listen über Beamte, die es nach einer Regierungsübernahme zu entlassen galt.[16] Am 10. Januar 1930 hatte Hitler in Weimar den Wunsch geäußert, an der Jenaer Universität einen „*Lehrstuhl für Rassefragen und Rassenkunde*“ einzurichten.[17] Daraufhin wurde der Rasseforscher *Hans F. K. Günther* – ohne jemals eine Habilitationsschrift angefertigt zu haben – auf den von Frick geschaffenen Lehrstuhl für Sozialanthropologie berufen.[18] Die Nationalsozialisten sahen insbesondere in *Ernst Haeckel* einen Vorkämpfer der Rassenhygiene und legten seine Lehren in ihrem Sinne aus.[19] Am 5. April 1930 folgte der Erlass „*Wider der Negerkultur für deutsches Volkstum*“.[20] In den Diskussionen über ein Verbot des Schächtens – betäubungslosen Schlachtens von Tieren nach den jüdischen Speisegesetzen – sagte *Fritz Sauckel*[21]:

> *„Die Juden ... sollen draußen bleiben, dann kommen deutsche Menschen nach Thüringen.“*[22]

Derartiges spielte sich nicht nur im Landtag ab. Auch in den Städten versuchte die erstarkte NSDAP ihre Politik zu verwirklichen. So stellte die NSDAP im Eisenacher Stadtrat den Antrag, die nichtarischen Kinder an städtischen Schulen von der Schulgeldermäßigung auszunehmen.[23] Am Eingang der Stadt wurde ein Spruchband mit den Aufschriften:

> *„Juden sind in dieser Stadt nicht erwünscht“*

und

> *„Juden sind unser Unglück“*

---

[16] *Mühl-Benninghaus*, S. 11 mit Verweis auf BArch, NL Hugenberg, Nr. 85, Bl. 131.

[17] Vgl. *Hoßfeld*.

[18] *Hans F. K. Günther* (1891-1968) – Veröffentlichte mehrere Schriften zur Rasseforschung, u.a. „*Kleine Rassenkunde des Deutschen Volkes, 1928*“. Ab 1935 Hochschullehrer in Berlin, danach in Freiburg. Im Volksmund wurde er „*Rassegünther*“ genannt.

[19] *Hoßfeld*.

[20] *Raßloff*, Antisemitismus auf parlamentarischer Bühne, S. 371.

[21] *Fritz Sauckel* (1894-1946) – Gauleiter, Reichsstatthalter, ab 1942 Generalbevollm. f.d. Arbeitseinsatz.

[22] *Raßloff*, Antisemitismus auf parlamentarischer Bühne, S. 376 mit Verweis auf StB I, Landtag, Bd. II (1930/32), S. 1050.

[23] *Brunner*, S. 143.

aufgehängt.[24] In Gotha stimmte der Stadtrat 1931 auf Antrag der NSDAP für ein *Schächtverbot.*[25]

Jacob Simon, Rechtsanwalt und Notar aus Meiningen, konstatiert in seinen Lebenserinnerungen:

> *„Durch die Agitation der Nationalsozialisten ist in der Stellung gegenüber den Juden ein Rückschlag eingetreten, wie er vor 50 Jahren nicht so schlimm war, durch Boykottierung, Herabsetzung und Stimmungsmache. Dass darunter jeder Einzelne bewusst oder unbewusst, ausdrücklich oder gefühlsmäßig zu leiden hat, steht außer Frage.“*[26]

Aus der Wahl vom 31. Juli 1932 ging die NSDAP mit 42,5% der Stimmen als klarer Sieger hervor und bildete mit dem Thüringer Landbund eine nationalsozialistisch geführte Regierung. Nach der reichsweiten Machtübernahme der Nationalsozialisten im Januar 1933 wurde das Land Thüringen gleichgeschaltet und *Fritz Sauckel* als Gauleiter eingesetzt.[27]

II. Die Forderungen, Pläne und ersten Maßnahmen der Nationalsozialisten zur „Säuberung der Verwaltung“ und Arisierung

Die Umstrukturierung des Beamtenapparats, aber auch der Anwaltschaft, sah die NSDAP als Grundvoraussetzung, um ihr Ziel – die Beseitigung der Juden aus dem öffentlichen Leben – zu erreichen.

Schon das Parteiprogramm von 1920 forderte die Entfernung von Juden aus dem Staatsdienst. Schließlich waren Juden im Sinne der NS-Ideologie keine Deutschen. Beamte und damit Staatsdiener konnten jedoch nur deutsche Staatsbürger sein.[28] Auch Beamte, die *„ohne die*

---

[24] Auf das Spruchband wird bei *Brunner*, S. 144 hingewiesen. Ebenso erwähnt Brunner andere Schmierereien zur Schmähung von Juden sowie einen versuchten Sprengstoffanschlag auf die Eisenacher Synagoge.

[25] Der Israelit v. 19. Februar 1931 (NR. 8), S. 6.

[26] *Jacob Simon* am 10.01.1933, Vgl. *Simon*, S. 263.

[27] Vgl. *Raßloff.*

[28] Vgl. Punkt 4 und 6 des NSDAP Parteiprogramms v. 1920, *Feder*, S. 11 f.

vorgeschriebene Vor- und Ausbildungszeit in der Revolution aus parteipolitischen Erwägungen" eingestellt worden waren, sollten nach dem Willen der Nationalsozialisten aus dem Dienst entfernt werden.[29]

1932 verfasste *Hans Pfundtner*[30], späterer Staatssekretär im Reichsministerium des Inneren, eine Denkschrift, in der er konstatierte, dass nach Übernahme der Staatsgewalt eine Säuberung des staatlichen Verwaltungsapparates von fachlich und politisch „*ungeeigneten Elementen*" die erste Stelle einnimmt.[31] Eine antisemitische Zielrichtung war in Pfundtners Vorschlag jedoch nicht zu erkennen.[32]

Auch einer der führenden Rechtstheoretiker der NSDAP – *Helmut Nicolai* – forderte 1932 in seiner Schrift „*Die Rassengesetzliche Rechtslehre*" sämtliche Organe der Rechtspflege wieder in deutsche Hand zu legen. Insbesondere sollte der jüdisch-römische Rechtsgedanke bekämpft werden.[33] Mit dem Gedanken, dass das Recht auf die „*Rassenseele des Volkes*" zurückzuführen sei, versuchte Nicolai dabei an Carl Friedrich von Savignys Lehre vom Volksgeist anzuknüpfen.[34]

Nach der sogenannten „*Machtergreifung*" im Januar 1933, wurden die Forderungen nach der Beseitigung von Juden und Andersdenkenden aus leitenden Positionen immer lauter.

Am 16. März 1933 veröffentlichte die Leipziger Zeitung einen Forderungskatalog des Bundes Nationalsozialistischer Deutscher Juristen (BNSDJ), der in Leipzig getagt hatte.[35] Die Forderungen hießen wie folgt:

1. Alle deutschen Gerichte, einschließlich des Reichsgerichts, sind von Richtern und Beamten fremder Rasse unverzüglich zu säubern.

2. Für Angehörige fremder Rassen ist unverzüglich die Zulassungssperre zur Ausübung des Rechtsanwaltsberufes an deutschen Gerichten zu verhängen.

[29] Vgl. *Tarrab-Maslaton*, Fn. 19 mit weiterem Verweis auf *Müller*, S. 6 ff.

[30] *Hans Pfundtner* (1881-1945) – Jurist. 1932 Wechsel von DNVP zu NSDAP. Selbstmord 1945.

[31] Durchschlag Handakte *Pfundtner*, GStA, Rep. 320 Nr. 314, abgedruckt bei *Mommsen*, S. 127.

[32] So auch *Mühl-Benninghaus*, S. 10 Fn. 40 mit Verweis auf *Schulz*, S. 410.

[33] *Nicolai*, S. 55 ff. Zitiert u.a. auch bei *B. Müller*, S. 83.

[34] *Nicolai*, S. 28.

[35] Vgl. *Mühl-Benninghaus*, S. 9 mit Verweis auf Leipziger Tageszeitung, Nr. 64 v. 16.03.1933: BArch, R 3001/4152, Bl. 93 (P).

3. Soweit für Angehörige fremder Rasse weiblichen Geschlechts Zulassungen bereits bestehen, sind diese mit sofortiger Wirkung aufzuheben.
4. Nur deutsche Volksgenossen dürfen deutsche Notare sein, wobei die Berufung von Kriegsteilnehmern zu beschleunigen ist.
5. Im Ablauf von vier Jahren darf nach dem Plan unseres Führers kein Angehöriger fremder Rasse mehr Anwalt sein. In jedem Jahre hat ein Viertel dieser auszuscheiden.
6. Im Zusammenhang damit ist schon jetzt allen fremdrassigen Anwälten, die als eingeschriebene Mitglieder marxistischen Parteien, also der SPD und KPD angehört haben, die Zulassung sofort zu entziehen. Das gleiche gilt natürlich auch für die marxistisch gesinnten Richter. Die Zulassung zur Rechtsanwaltschaft darf, soweit Pension zugebilligt wird, überhaupt nicht, sondern erst nach vier Jahren erfolgen.
7. Endlich sind die Anwaltskammern sofort aufzulösen, neu zu wählen und juden- und marxistenfrei zu gestalten. Ausnahmen dürfen nur für jene bestehen, die nachweislich an der Front, nicht nur in der Etappe, gewesen sind und die Söhne an den Fronten verloren haben.

Auch die Gruppe Rechtsreferendare des BNSDJ setzte sich im März 1933 für die Entfernung jüdischer Richter, Anwälte und Notare ein.[36]

1. Das Ermächtigungsgesetz

Als zentrale Norm zur Umsetzung der nationalsozialistischen Pläne und Forderungen wurde das Ermächtigungsgesetz vom 24. März 1933 geschaffen.[37] Die Regelungen sprechen für sich selbst:

Artikel 1

> Reichsgesetze können außer in dem in der Reichsverfassung vorgesehenen Verfahren auch durch die Reichsregierung beschlossen werden. Dies gilt auch für die in den Art. 85 Abs. 2 und 87 der Reichsverfassung bezeichneten Gesetze.

[36] Vgl. *Adam*, S. 38 m.w.N.
[37] RGBl. I, S. 141.

Artikel 2

Die von der Reichsregierung beschlossenen Reichsgesetze können von der Reichsverfassung abweichen, soweit sie nicht die Einrichtung des Reichstags und des Reichsrats als solche zum Gegenstand haben. Die Rechte des Reichspräsidenten bleiben unberührt.

Artikel 3

Die von der Reichsregierung beschlossenen Reichsgesetze werden vom Reichskanzler ausgefertigt und im Reichsgesetzblatt verkündet. Sie treten, soweit sie nichts anderes bestimmen, mit dem auf die Verkündung folgenden Tage in Kraft. Die Art. 68 bis 77 der Reichsverfassung finden auf die von der Reichsregierung beschlossenen Gesetze keine Anwendung.

Nur die SPD stimmte gegen das Gesetz. Die KPD war von der Abstimmung ausgeschlossen. Die eigentlich der Legislative vorbehaltene gesetzgebende Gewalt war nun de facto gänzlich auf die Exekutive übergegangen, das Prinzip der Gewaltenteilung aufgehoben.[38] Der Reichstag existierte fortan nur noch formal, als Zuschauer und Parlament ohne Rechte. Schließlich wurde das Ermächtigungsgesetz am 31. März 1933 auf die Länder ausgedehnt, die ab dem 7. April 1933 von Reichsstatthaltern „*geführt*" wurden.[39] Das Ermächtigungsgesetz wirkte damit, wie *Carl Schmitt* zutreffend bemerkte, als „*große Pauschal-Legalisierung*" sowohl für die Vorgänge des Februar und März 1933 wie auch für alle zukünftigen Aktionen.[40] Der Rechtswissenschaftler *Heinrich Triepel* bezeichnete das Ermächtigungsgesetz indes als „*legale Revolution*".[41] Diese Bezeichnung ist äußerst treffend. Ohne den Charakter, oder vielmehr den Anschein der Rechtmäßigkeit, wäre es den Nationalsozialisten niemals – oder zumindest unter weitaus mehr Aufwand – gelungen, die Bevölkerung, insbesondere den Verwaltungsapparat, für sich zu vereinnahmen. Das Ermächtigungsgesetz ist *conditio sine qua non* und

[38] Vgl. hierzu auch *Katz*, § 5 II Rn. 93.

[39] Ebenda. Mit dem Gesetz über den Neuaufbau des Reiches vom 30.01.1934 wurden schließlich die Parlamente der Länder aufgelöst. Das Reich wurde zum Einheitsstaat. Vgl. hierzu auch *Willoweit*, § 39 II. 3.

[40] *Schmitt*, Das Problem der Legalität, S. 442. Zitiert auch bei *Gruchmann*, S. 1113.

[41] *Tomuschat*, S. 519.

dennoch nur einer von vielen Grundpfeilern der NS-Herrschaft. Schließlich griffen die Nationalsozialisten unter anderem den seit Jahrhunderten existenten, vor allem religiös geprägten Antisemitismus auf. Wenngleich sie ihn umwandelten, erfanden sie ihn nicht neu. Viele machten sich dementsprechend mit den neuen Machthabern des durch die *„nationale Revolution"* entstandenen neuen Staates gemein. Opportunität und Verleugnung alter jüdischer Kollegen, Bekanntschaften und sogar Freundschaften standen an der Tagesordnung.

Der offene Judenhass beunruhigte die jüdische Bevölkerung. Noch vor dem Ermächtigungsgesetz – am 10. März 1933 – betonte *Franz v. Papen*[42] jedoch in der Jüdischen Rundschau:

> *„Die Jüdischen Staatsbürger dürfen versichert sein, dass ihnen die gleiche Behandlung wie allen guten Staatsbürgern zuteilwerden wird".*[43]

2. Boykotte und willkürliche Maßnahmen

Dem Ermächtigungsgesetz und der sich immer weiter verstärkenden Hetze der Nationalsozialisten folgten antisemitische Ausschreitungen, deren Opfer auch Juristen wurden. Der Völkische Beobachter machte Stimmung mit der Forderung nach einer *„Säuberung des verjudeten Anwaltsberufes"*.[44] Gerichte wurden durch die SA besetzt, Richter, Anwälte und Notare zum Verlassen ihrer Ämter aufgefordert. Derartige Maßnahmen sind etwa aus Chemnitz bekannt, wo Richter und Anwälte nach der Stürmung des Gerichts sogar in Schutzhaft genommen wurden.[45] Für Thüringen berichtete die Rhön-Zeitung vom 3. April 1933 über Boykottaktionen gegen jüdische Anwälte, Notare und Ärzte.[46] Schilder, Plakate und Schmierereien mit Forderungen wie:

---

[42] *Franz von Papen* (1879 – 1969) – Militärattaché in Washington, Abgeordneter für das Zentrum, 1932 Reichskanzler. 1932-1934 Vizekanzler unter Hitler. Später Gesandter des Reiches.

[43] Jüdische Rundschau v. 10.03.1933 (Nr.20), S. 96. Auf der vorherigen Seite ist zudem eine Verlautbarung der Reichspressestelle der NSDAP zu finden, die „kommunistische Spitzel und Provokateure in SA Uniform" für die anti-jüdischen Ausschreitungen verantwortlich macht. Diese würden auf eine Schädigung der NSDAP im Ausland abzielen.

[44] Völkischer Beobachter v. 19.03.1933, zitiert bei *Weber*, S. 57, Verweis auf *Gruchmann* und *Krach*.

[45] *Adam*, S. 37 mit Verweis auf eine Meldung der Deutschen Allgemeinen Zeitung v. 09.03.1933.

[46] Rhön-Zeitung v. 3. April 1933.

„Deutsche! Wehrt euch! Kauft nicht bei Juden!“

oder

„Hinaus mit den Juden aus allen Deutschen Gerichtssälen!“

wurden im ganzen Reich vor Geschäftsräumen jüdischer Mitbürger angebracht.[47]

3. Verfügungen und erste Gesetzesentwürfe

Die SA ging im Rahmen der Boykotte nahezu willkürlich und ohne Plan vor, sodass sich der Reichsminister des Inneren, *Wilhelm Frick*, der Sicherung der NS-Herrschaft willen, genötigt sah, die *„Maßnahmen“* von oben zu koordinieren.[48] So erließ das Reichsjustizministerium nach dem Boykott eine von Staatssekretär *Roland Freisler*[49] unterzeichnete Verfügung. Nach deren Wortlaut sollte jeder jüdische Notar freiwillig erklären, dass er sich seiner Notartätigkeit enthalte. Widrigenfalls könne man für nichts einstehen, da die *„Volksempörung die Erteilung amtlicher Urkunden durch jüdische Notare nicht länger dulde“*.[50]

Bereits am 20. März 1933 übermittelte der Preußische Justizstaatssekretär *Heinrich Hölscher*[51] einen Gesetzesentwurf an die Preußische Regierung. Nach diesem sollten etwa Richter und Staatsanwälte – gleiches sollte für Anwälte und Notare gelten – die nach dem 9. November 1918 in den Beamtenstand eingetreten waren und sich nicht zum Christentum bekannten, in den Ruhestand versetzt werden. Ausgenommen waren nach diesem Entwurf, wie auch später im GWBB, Kriegsteilnehmer.[52] *Mühl-Benninghaus* kritisiert *Gruchmann*, für den sich der Entwurf *„ausschließlich gegen Juden“*[53] richtete. Dieser Kritik ist jedoch nur zum Teil, Recht zu geben. Die Zielrichtung des Gesetzes war antisemitisch. Natürlich wären nach dem Entwurf Hölschers aber auch Freidenker, Zeugen Jehovas und Kommunisten betroffen gewesen. Auch

---

[47] So auch in Gera. Vgl. *Simsohn*, Bd. 3, S. 16 mit Verweis auf den *„Geraer Beobachter“* v. 19.04.1933.

[48] *Mühl-Benninghaus*, S. 12.

[49] *Roland Freisler* (1893-1945) – Jurist. Promotion in Jena, ab 1933 Staatssekretär. Später Präsident des Volksgerichtshofes.

[50] *Majer*, S. 224.

[51] *Heinrich Hölscher* (1875-1947) – Jurist, später Präsident des Berliner Kammergerichts.

[52] *Mühl-Benninghaus*, S. 18.

[53] *Gruchmann*, S. 132.

Adam kommt zu dem Schluss, dass Hölscher hinter der „*unverfänglich, religiös motivierten Begründung die Absicht verbarg, vorrangig Juden zu treffen.*“[54] Für Adam ist dieser Entwurf vor allem deswegen beachtenswert, weil die darin enthaltenen materiell-rechtlichen Bestimmungen eindeutig das geltende Verfassungsrecht verletzten, insbesondere – wenn überhaupt – der Rechtssetzungskompetenz des Reiches unterlagen.[55]

Wenig später übersandte auch der preußische Finanzminister *Popitz*[56] einen Entwurf. Nach diesem konnte

> „*jeder Beamte ohne Angabe von Gründen während der Geltungsdauer des Gesetzes unter Gewährung des ihm gesetzlich zustehenden Ruhegehaltes pensioniert werden*“.[57]

Im Wortlaut dieses Entwurfes findet sich keine Diffamierung oder ausdrückliche Entrechtung von Juden.

Kurz darauf zog das Reichsinnenministerium die Vorarbeiten an sich. Maßgeblich an den Entwurfsarbeiten beteiligt war nun *Hanns Seel.*[58] Am 31. März oder 1. April reiste Frick – seit der Machtergreifung Reichsinnenminister – zu Hitler, um mit diesem persönlich den Entwurf seines Ministeriums zu besprechen. Hitler drängte ausdrücklich auf die Entfernung aller jüdischen Beamten.[59] In den folgenden Tagen wurde der Entwurf komplett umgearbeitet.[60] Am 6. April wurde der Gesetzentwurf auf die Tagesordnung des Kabinetts gesetzt.[61]

Noch vor dem Gesetz zur Wiederherstellung des Berufsbeamtentums erließ *Hans Frank*[62] am 31. März 1933, dass allen jüdischen Notaren in Bayern die Berufsausübung zu versagen ist. Staatsanwälte und Richter wurden zwangsweise beurlaubt, Anwälte fortan am Betreten von Gerichtsgebäuden gehindert.[63] Ähnliches geschah auch in Preußen

---

[54] *Adam*, S. 44.

[55] Ebenda.

[56] *Johannes Popitz* (1884-1945) – Jurist. Später im Widerstand. Kontakte u.a. zu Goerdeler. In Berlin-Plötzensee hingerichtet.

[57] *Gruchmann*, S. 132 m.w.N.

[58] *Hanns Seel* (1876-1941) – Jurist. Tätigkeit im Reichsministerium des Inneren.

[59] *Gruchmann*, S. 133, *Adam*, S. 47.

[60] *Gruchmann*, S. 134. Nach *Adam*, S. 48 waren daran vor allem *Frick, Popitz, Göring, Schwerin v. Krosigk* und *Franz Schlegelberger* – Staatssekretär im Reichsministerium der Justiz – beteiligt.

[61] *Adam*, S. 48.

[62] *Hans Frank* (1900-1946) – Jurist u.a. Leiter des Rechtsamtes der NSDAP. Später Reichsminister und Generalgouverneur von Polen.

[63] *Adam*, S.39.

auf Erlass von *Hanns Kerrl*[64]. Die Zahl der jüdischen Anwälte wurde beschränkt, Notare erhielten Berufsverbote, Richter und Staatsanwälte mussten zwangsweise Urlaubsgesuche einreichen. Selbst die Ernennung von jüdischen Rechtskandidaten zu Referendaren wurde untersagt, womit Preußen das erste Land war, in dem „*faktisch ein Großteil der Juden aus der Justiz ausgeschaltet war.*"[65]

[64] *Hanns Kerrl* (1887-1941) – Justizbeamter, ab 1933 Preußischer Justizminister und später für Raumordnung zuständig.

[65] So ausdrücklich *Adam*, S. 40.

B. Gesetz zur Wiederherstellung des Berufsbeamtentums vom 7. April 1933

Das Gesetz zur Wiederherstellung des Berufsbeamtentums vom 7. April 1933 sah gemäß § 1 Abs. 1 die Möglichkeit von Entlassungen *„zur Wiederherstellung eines nationalen Berufsbeamtentums und zur Vereinfachung der Verwaltung"* vor. § 2 Abs. 1 bestimmte zunächst, dass Beamte, die nach dem 9.11.1918 in ein Beamtenverhältnis eingetreten waren, *„ohne die für die Laufbahn vorgeschriebene übliche Vorbildung oder sonstige Eignung zu besitzen"*, in den Ruhestand zu versetzen sind. Später erfolgte eine Konkretisierung auf die KPD und deren Hilfs- bzw. Sonderorganisationen.[66] Durch diese Regelung wurde Rechtmäßigkeit und Gerechtigkeit vorgegaukelt, indem möglicherweise ungerechtfertigte, aus der Notlage nach 1918 entstandene Beamtenverhältnisse korrigiert wurden. Schon der Einschub *„ohne sonstige Eignung"* zeigte jedoch, dass bereits am Anfang Ausnahmen für gestandene *„Alte Kämpfer"* der NSDAP möglich waren.[67] *Uwe Adam* bezeichnet das Gesetz insgesamt daher richtigerweise als *„zynische Umkehrung des eigentlichen Sachverhalts"*.[68]

I. Entfernung von Parteibuchbeamten

Adressaten des Gesetzes waren auch sogenannte *„Parteibuchbeamte"*, also Beamte, *„die nach ihrer bisherigen politischen Betätigung nicht die Gewähr dafür bieten, dass sie jederzeit rückhaltlos für den nationalen*

[66] VO vom 11.04.1933, RGBl. I, S. 195.
[67] *Mommsen*, S. 47.
[68] *Adam*, S. 48.

Staat eintreten" (§ 4 Abs. 1 GWBB). Später erfolgte eine Konkretisierung auf das Reichsbanner Schwarz-Rot-Gold, die Liga für Menschenrechte und den Republikanischen Richterbund.[69] § 4 Nr. 5 der Dritten Durchführungsverordnung nannte zudem noch den Bund Republikanischer Beamter und die Eiserne Front.

Es handelte sich um eine Kann-Vorschrift zur Diskriminierung Andersdenkender. Die Entlassung wurzelte nicht in der Gefährdung des Staates, sondern allein in der politischen Gegnerschaft. Regimefeinde waren Reichsfeinde[70], obgleich es gerade Sozialdemokraten waren, die stets die Weimarer Republik verteidigt hatten. *Carl Schmitts „Begriff des Politischen*", die Betrachtung der Politik als Kampf zwischen Freund und Feind, wurde durch das GWBB geradezu in den sprichwörtlichen Stein gemeißelt.[71] Der Begriff des „*Kampfes*" ist hierbei nicht bloß Ausdruck für Konkurrenz, für ein Ringen um die Gunst der Menschen, der Wähler. Der Begriff ist, vor allem im Bezug auf den des „*Feindes*", auch von physischer, existenzieller Natur.

> *„Der Feind ist eben der Andere, der Fremde, und es genügt zu seinem Wesen, daß er in einem besonders intensiven Sinne existenziell etwas anderes und Fremdes ist, so daß er im Konfliktfalle die Negation der eigenen Art von Existenz bedeutet und deshalb abgewehrt oder bekämpft wird, um die eigene, seinsmäßige Art von Leben zu bewahren".*[72]

Entsprechend der NS-Ideologie war der „*Kampf zwischen Freund und Feind*" nicht nur auf politische Gegner wie Kommunisten und Sozialdemokraten, sondern gerade auf die Juden bezogen. Interessant ist in diesem Zusammenhang jedoch die mit dem Gesetz zur Ergänzung des Gesetzes zur Wiederherstellung des Berufsbeamtentums vom 20. Juli 1933 eingeführte Sonderregelung des § 2a GWBB, die ein Absehen von der Entlassung bei Beamten vorsah, die sich vor dem 30. Januar 1933 der „nationalen Bewegung" angeschlossen hatten. Schließlich gab es auch innerhalb der NSDAP ehemalige Kommunisten.[73] Zu denken ist hier etwa an Roland Freisler. Der in Jena promovierte Jurist und spätere Richter am Volksgerichtshof soll in Kriegsgefangenschaft

[69] VO vom 11.04.1933, RGBl. I, S. 195.
[70] Vgl. *Stolleis*, S. 223 ff.
[71] Vgl. *Schmitt*, S. 27 f.
[72] Ebenda.
[73] RGBl. 1933 I, S. 518 und *H. Hattenhauer*, S. 409.

Kommissar gewesen sein und schließlich aus dem ersten Weltkrieg als Kommunist zurückgekehrt sein.[74]

II. Entfernung Beamter nichtarischer Herkunft

§ 3 Abs. 1 GWBB regelte, dass Beamte nichtarischer Abstammung in den Ruhestand zu versetzen sind. Gemäß Ziffer 2 der Dritten Durchführungsverordnung des Berufsbeamtengesetztes vom 11. April 1933 war das Gesetz auch auf Notare anzuwenden.

Schon von Anfang an wurde die Differenzierung zwischen Arier und Jude kontrovers diskutiert. *Ariya* war ursprünglich die Selbstbezeichnung indisch-iranischer Völker und bedeutete „*Edler*".[75] Erst im 19. Jahrhundert wurde der Begriff „*Arisch*" in der Sprachwissenschaft über den eigentlichen Wortsinn hinaus für die indo-germanische Sprachgruppe verwendet. *Friedrich Max Müller* verwendete den Begriff für die indo-europäische Sprache. Die Völker, die dieser Sprachgruppe angehörten, nannte er „*Arische Rasse*". *Joseph Arthur Comte de Gobineau* verwendete „*arisch*" als Bezeichnung für die Germanen, die er als zum Herrschen bestimmte Urrasse betrachtete.[76] Diese wissenschaftlich unhaltbare Begriffsverschiebung fiel in Deutschland auf fruchtbaren Boden. Die Erste Durchführungsverordnung zum GWBB[77] vom 11. April 1933 formulierte:

> *„... als Nichtarisch gilt, wer von nichtarischen, insbesondere jüdischen Eltern oder Großeltern abstammt".*

Ausreichend war, wenn „*ein Elternteil oder Großelternteil nichtarisch*" war. Es zeigte sich jedoch, dass der Begriff „*arisch*" wissenschaftlich unhaltbar war, sodass ab 1935 von deutschen bzw. artverwandten Blut die Rede ist. Wer als Jude zu gelten hat, definierte und kategorisierte ausführlich die Erste Durchführungsverordnung zum Reichsbürgergesetz. Diese kannte unter anderem auch sogenannte Mischlinge, Halb- und Vierteljuden.

Signifikant war, dass die Gruppe der nach § 3 GWBB zu Entlassenden über den Kreis der sogenannten „*Glaubensjuden*" ausgedehnt

---

[74] Vgl. hierzu insbesondere auch *Gruchmann*, S. 64.

[75] *Brandenstein*, S. 1 ff.

[76] *Kluge*, S. 39 sowie *C. Schmittz-Berning*, S. 54 m.w.N.

[77] Vgl. RGBl. 1933 I, S. 195.

wurde. Der Nationalsozialismus verließ damit den traditionellen Antisemitismus hin zu einem rassischen Antisemitismus. Interessant ist dabei jedoch, dass mit der Ersten Durchführungsverordnung zum Reichsbürgergesetz wieder die Religionszugehörigkeit gegenüber der Blutszugehörigkeit Priorität genoss. So galt auch derjenige als jüdisch, der von zum Judentum konvertierten Ariern abstammte. Für *Tarrab-Maslaton* führte sich die NS-Rassenlehre damit selbst ad absurdum.[78]

In dem Aufsatz „*Wiedergeburt des Deutschen Beamten*" betonte Frick 1934, dass keine höhere Aufgabe als die Reinhaltung und Förderung des arteigenen Volksgenossen existiere.[79] § 3 verwirkliche erstmals den völkischen Rassegedanken und breche mit dem Grundsatz der französischen Revolution, dass alles gleich ist, was Menschenantlitz trägt.[80] In einer Ministerbesprechung am 25. April 1933 wurde nochmals ausdrücklich klargestellt, dass eine rücksichtlose Durchführung des Gesetzes im „*Interesse der Reinerhaltung des Blutes des Deutschen Volkes*" unbedingt erfolgen müsse.[81] Auch wenn bei der Ausmerzung „*Herz gegen Verstand spreche*".[82]

III. Frontkämpferprivileg

Eine Ausnahme – sowohl für Juden als auch andere Betroffene – konstatierte das sogenannte „*Frontkämpferprivileg*", wonach altgediente Beamte, und Beamte, die im ersten Weltkrieg für das deutsche Kaiserreich gekämpft oder Vater und Söhne verloren hatten, auszunehmen waren. Um vom Frontkämpferprivileg erfasst zu werden, musste ein urkundlicher Nachweis über die Kriegsteilnahme und erlittene Verletzungen erbracht werden.

Das Frontkämpferprivileg ging vor allem auf die Intervention des Reichspräsidenten Hindenburg zurück, der zahlreiche Eingaben jüdischer Juristen, die im Krieg verwundet worden sind, erhielt. So bat ein Jurist:

> *„die deutschen Juden, die wie alle anderen Kameraden für Volk und Vaterland gekämpft hatten, vor der entsetzlichen Schande des Ausstoßes aus der Volksgemeinschaft durch die*

[78] Vgl. hierzu *Tarrab-Maslaton*, S. 68.
[79] *Frick*, DR 1934, 26.
[80] Ebenda.
[81] *Mommsen*, S. 50 sowie *H. Hattenhauer*, S. 410.
[82] Ebenda.

> *Vernichtung ihrer Existenz, ihres Arbeitsfeldes und damit ihrer selbst und ihrer Angehöriger zu bewahren.“*[83]

Hindenburg schrieb daraufhin an Hitler, dass ihm Fälle gemeldet worden, *„in denen kriegsbeschädigte Richter, Rechtsanwälte und Justizbeamte von untadeliger Amtsführung“* allein aufgrund ihrer jüdischen Abstammung diskriminiert und beurlaubt worden seien. Für Reichspräsident Hindenburg galt:

> *„Wenn sie wert waren, für Deutschland zu kämpfen und zu bluten, sollen sie auch als Würdig angesehen werden, dem Vaterland in ihren Beruf weiter zu dienen“.*[84]

Ad Acta gelegt wurde die Überlegung, herausragende jüdische Hochschullehrer – unabhängig vom Frontkämpferprivileg – von der Entlassung über das GWBB auszunehmen.[85]

Das Frontkämpferprivileg kam den Absichten der Nationalsozialisten alles andere als entgegen. Allein in Preußen, zu dem auch Erfurt zählte, konnten von 3370 jüdischen Anwälten 2609 ihre Zulassung behalten.[86] Die Nationalsozialisten waren entsprechend ihrer Ideologie davon ausgegangen, dass sich die meisten Juden *„gemäß ihrer Natur als Schädlinge im Volkskörper“* dem Kriegsdienst entzogen hatten. Allerdings war es für die Betroffenen sehr schwierig, das Frontkämpferprivileg für sich geltend zu machen, musste hierüber doch ein Nachweis erbracht werden. Dabei half vor allem auch der 1919 gegründete Reichsbund Jüdischer Frontsoldaten.

Allerdings bestand gemäß § 6 GWBB die Möglichkeit, Beamte *„zur Vereinfachung der Verwaltung“* in den Ruhestand zu versetzen. Dieser offene Paragraph bot die Möglichkeit unliebsame Personen zu entfernen, auch wenn diese zum Beispiel vom Frontkämpferprivileg erfasst waren.

---

[83] Schreiben eines Nürnberger Anwalts an den Reichspräsidenten v. 21.03.1933, Akten des RJM, Arch. des IfZ, Sig. MA 108, zitiert bei *Gruchmann*, S. 134.

[84] Schreiben Hindenburg an Hitler v. 04.04.1933. Vgl. *Hubatsch*, S. 375 ff.

[85] *H. Hattenhauer*, S. 410.

[86] *Benz*, S. 137.

IV. Durchsetzung und Dokumentierung

Zwecks der Durchsetzung und Dokumentierung waren alle Beamten verpflichtet einen Fragebogen auszufüllen und binnen vierzehn Tagen beim Behördenleiter einzureichen, in dem Angaben zu Rasse und Abstammung (Fragen 4 a-e) gemacht werden mussten. Als Dokumente waren die Geburtsurkunde, die Geburts- oder Taufurkunden der Eltern und Großeltern, die Heirats- oder Trauurkunden der Eltern und Großeltern und vorhandene Militärpapiere in beglaubigter Form beizulegen.[87] Im Falle fehlender Urkunden musste unter Beilage der Antwortschreiben angefragter Standes- und Pfarrämter eidesstaatlich versichert werden, dass ernsthaft versucht wurde, in den Besitz der Dokumente zu gelangen. Eine eidesstaatliche Versicherung über die Herkunft selbst hatte allerdings keine Beweiskraft.[88] Wissentlich falsche Angaben führten zur Dienstentlassung.[89] Die Betroffenen waren stets in der Beweispflicht. Sie hatten darzulegen, dass die Tatbestände des Gesetzes nicht auf sie zutrafen.[90]

In Zweifelsfällen wurde die Dienststelle des Sachverständigen für Rasseforschung beim Reichsministerium des Inneren zur Klärung der Abstammung zu Rate gezogen.[91] Dessen späterer Leiter – *Achim Gercke*[92] – setze sich bereits vor der Machtergreifung mit dem Entwurf eines „*Rassescheidungsgesetz*“ für die Erfassung der jüdischen Bevölkerung auf einer Reichsjudenliste ein. Die vorsätzliche Falschangabe über die Rassezugehörigkeit sollte als vollkommen unverhältnismäßige *ultima ratio* mit der Todesstrafe geahndet werden.[93] 1935 ging aus der Dienststelle das Reichssippenamt – geleitet von *Kurt Mayer*[94] – hervor.

In Fällen, in denen die Durchforschung von Standesregistern, Kirchenbüchern und Archiven nicht „*zielführend*“ waren oder unklare Fa-

---

[87] *Schulle*, S. 65, 85 f. Siehe auch den Fragebogen in der Anlage zur Dritten Durchführungsverordnung zum Gesetz zur Wiederherstellung des Berufsbeamtentums, RGBl. 1933 I, S. 253.

[88] *Schulle*, S. 85.

[89] Ebenda.

[90] *Majer*, S. 226.

[91] Ebenda.

[92] *Achim Gercke* (1902 -1997) beschäftigte sich bereits vor der Machtergreifung im Braunen Haus mit Rassefragen. 1935 wurde er wegen angeblichen Verstoßes gegen § 175 StGB verhaftet. Er verlor sein Reichstagsmandat und all seine Ämter und Funktionen. Vgl. *Schulle*, S. 31, 154 f.

[93] *Przyrembel*, S. 103.

[94] *Kurt Mayer* (1903-1945) führte die Arbeit Gerckes, insb. die Ahnenstammkartei fort.

milienverhältnisse herrschten, wurden erb- und rassebiologische Gutachten eingeholt. Von 100 Anfragen entfielen nach den Untersuchungen von Schulle etwa 0,2% auf Thüringen. Zum Vergleich: Bayern machte 0,8%, Preußen 75% der Anfragen aus.[95] Anfragen wurden auch an das „*Institut für menschliche Erbforschung und Rassenpolitik*"[96] der Friedrich-Schiller-Universität Jena gestellt, das durch den späteren Rektor *Karl Astel* geleitet wurde.[97] Bereits 1935 rief Astel in seiner Antrittsvorlesung als Rektor an der Universität Jena die „*Edelrassigen aller Länder*" dazu auf, das unglückliche lebensunwerte Leben, das sich während der Herrschaft der Minderwertigen in ihren Völkern angesammelt hat, gemeinsam wieder zu entfernen.[98] Es waren Hochschullehrer, wie Astel und seine Mitstreiter – der Botaniker und Genetiker *Heinz Brücher*, der Zoologe und Anthropologe *Gerhard Heberer*, der Zoologe *Victor Julius Franz* – die Jena zum Zentrum der Rasseforschung werden ließen. *Lothar Stengel-von Rutkowski*, dessen Lehrstuhlbeschreibung auf Rassenhygiene, Kulturbiologie und rassenhygienische Philosophie lautete, forschte nicht frei, sondern im Auftrag der SS, unter anderem auch in Buchenwald.[99]

Ergänzend zur Universität Jena existierte in Weimar das Landesamt für Rassewesen. Dieses wurde am 15. Juli 1933 nur einen Tag nach der Bekanntgabe des „*Gesetzes zur Verhütung erbkranken Nachwuchses*" errichtet.[100] Dieses führte vor allem Vorträge und Fortbildungen durch.

In Thüringen herrschte ein besonderer Eifer. 1943 warb ein Plakat für eine Vorlesung über die „*Judenfrage*" mit den Worten:

> *„Es ist für uns nicht damit abgetan, daß wir die Judenfrage im Reich weitgehend gelöst haben. Sie ist eine Weltfrage, mit der dieser Krieg und seine immer heftiger werdenden Kämpfe zusammenhängen."*[101]

Hatte ein „*negativer*" Bescheid über die Abstammung anfangs „*nur*" den Verlust des Arbeitsplatzes zur Folge, so bedeutete er später die

---

[95] *Schulle*, S. 86.

[96] Bis 1935 Institut für menschliche Züchtungslehre und Erbforschung.

[97] *Karl Astel* (1898-1945) – führender NS-Rasseforscher, Rektor der FSU Jena, SS-Hauptscharführer, Entwickler der Sippschaftstafel. Vgl. hierzu *John/Stutz*, S. 485, 500 ff. m.w.N.

[98] Antrittsvorlesung: „Rassendämmerung und ihre Meisterung durch Geist und Tat als Schicksalsfrage der weißen Völker".

[99] Vgl. *John/Stutz*, S. 414, 479, 498, 500, 534 m.w.N.

[100] *Hoßfeld.*

[101] *Hoßfeld/John/Lemuth/Stutz*, S. 85 Fn. 301 mit Verweis auf UAJ, BA. Nr. 2120.

Deportation, die Verneinung des Lebensrechts. Nicht nur bei Juden, sondern bei allen Menschen, die im Sinne der NS-Ideologie als minderwertig und damit „*lebensunwert*" galten. Zu denken ist hierbei etwa an die im Rahmen des *Euthanasie*-Programmes ermordeten Menschen mit körperlicher oder geistiger Behinderung.

Wie weit der Rassenwahn ging, zeigte sich in der Einrichtung von Institutionen wie dem Rasse- und Siedlungshauptamt der SS, dem Reichskommissariat für die Festigung deutschen Volkstums oder der Forschungsgemeinschaft Deutsches Ahnenerbe.[102]

V. Finanzielle Abwicklung

Den entlassenen Beamten wurde ein „*Ruhegehalt*" gewährt. Dieses berechnete sich anhand der Anzahl der Dienstjahre, wobei eine Gewährung gemäß § 8 GWBB allerdings eine mindestens zehnjährige Dienstzeit voraussetzte. Bei der Berechnung kam es allein auf die Dienstzeit in Planstellen an. Daher konnte es passieren, dass Beamte trotz mehr als zehnjähriger Dienstzeit kein Ruhegehalt bekamen.[103] Im Gegensatz zu nach § 2 GWBB entlassenen Beamten bekamen die nach § 4 „aufgrund ihrer bisherigen politischen Betätigung" Entlassenen drei Viertel des gesetzlichen Ruhegehaltes. Durch § 9 GWBB wurden die §§ 2-4 und 8 GWBB rückwirkend auf bereits im Ruhestand befindliche Beamte ausgedehnt. Über § 16 GWBB bestand die Möglichkeit des Ausgleichs in Härtefällen.

Nach der Dritten Durchführungsverordnung zum Gesetz zur Wiederherstellung des Berufsbeamtentums vom 6. Mai 1933 konnte denjenigen, die nicht unter § 8 GWBB fielen, eine Fortzahlung der Bezüge für drei Monate gewährt werden.[104] § 4 Abs. 2 der Ersten Durchführungsverordnung zum Reichsbürgergesetz bestimmte, dass Beamten, die im Weltkrieg an der Front für das Deutsche Reich oder für seine Verbündeten gekämpft haben, bis zur Erreichung der Altersgrenze als Ruhegehalt die vollen zuletzt bezogenen ruhegehaltsfähigen Dienstbezüge behalten. Das Ruhegehalt war allerdings nach Erreichung der Altersgrenze nach den letzten ruhegehaltsfähigen Dienstbezügen neu zu berechnen.[105]

[102] *Heinemann* m.w.N.
[103] Vgl. *B. Müller*, S. 83 m.w.N.
[104] RGBl. 1933 I, S. 245.
[105] RGBl. 1935 I, S. 1333.

Ehemaligen Frontkämpfern mit weniger als zehn Jahren Dienstzeit räumte im Dezember 1935 die Zweite Verordnung zum Reichsbürgergesetz einen jederzeit widerruflichen Unterhaltszuschuss *„nach Würdigkeit und Bedürftigkeit“* ein.[106] Diese Vorschrift galt insbesondere auch für Notare, die bislang anders als Beamte vom Ruhegehalt ausgeschlossen waren. So bestimmte § 2 Abs. 3 der Zweiten Verordnung, dass die Notare, denen die Gebühren selbst zufließen, den übrigen Beamten gleichzustellen waren. Die Höhe des Unterhaltszuschusses betrug für verheiratete Beamte der Besoldungsgruppe vom Amtsgerichtsrat aufwärts 250 RM, für ledige Beamte 200 RM. In allen übrigen Besoldungsgruppen betrug das Ruhegehalt zwischen 100 und 150 RM.[107] Zusätzlich konnte für Kinder, die das 16. Lebensjahr noch nicht vollendet hatten, ein monatlicher Zuschuss i.H.v. 10 RM gewährt werden.[108]

Im Juni 1937 wurde das *„Ruhegeld“* für die nach § 4 GWBB als politisch unzuverlässig Entlassenen noch einmal um 25 Prozent gekürzt. Der Stellvertreter des Führers, Rudolf Heß, forderte im November 1938 weitergehende Kürzungen für die nach dem GWBB entlassenen Beamten. Der Reichsminister des Innern, *Wilhelm Frick*, dehnte die Kürzung des Ruhegehalts um ein Viertel auf die nach § 3 GWBB entlassenen jüdischen Beamten aus, da *„man schlechthin davon ausgehen müsste, dass der Jude als politisch unzuverlässig anzusehen und daher nicht anders zu behandeln sei als die nach § 4 des Gesetzes behandelten Beamten.“*[109] Durch § 2 der Siebenten Verordnung zum Reichsbürgergesetz vom 5. Dezember 1938 wurde das Ruhegehalt der jüdischen Beamten entsprechend neu festgesetzt, wobei § 2 Abs. 2 bestimmte, dass bereits gezahlte Beträge zu belassen sind.[110]

Gemäß § 10 der Elften Verordnung zum Reichsbürgergesetz vom 25. November 1941[111] erloschen Versorgungsansprüche mit dem Ablauf des Monats, in dem der Verlust der Staatsangehörigkeit eintrat. *Müller* spricht richtigerweise davon, dass damit der durch Zwangsdeportation und Emigration geschaffene Zustand verharmlosend dargestellt wird.[112]

---

[106] Vgl. RGBl. 1935 I, S. 1524. Siehe hierzu auch *Majer*, S. 170 sowie *B. Müller*, S. 86.

[107] *B. Müller*, S. 86.

[108] Ebenda.

[109] Vgl. *Mühl-Benninghaus*, S. 55.

[110] RGBl. 1935 I. S. 1751.

[111] RGBl. 1941 I. S. 722.

[112] *B. Müller*, S. 85 Fn. 347.

VI. Befristungen, Änderungen, Verordnungen

Ursprünglich war das GWBB bis zum 30. September 1933[113] befristet, um eine reine Übergangslösung zu suggerieren. Mit Hilfe von 19 Änderungsgesetzen, Verordnungen und Durchführungsvorschriften[114], mit denen die Grundlagen für die Entlassung von Beamten weiter modifiziert wurden, entfaltete das Gesetz zur Wiederherstellung des Berufsbeamtentums bis zur Inkraftsetzung des Deutschen Beamtengesetzes[115] Wirkung. Die seit 1871 in der Reichsverfassung existierende rechtliche Gleichstellung jüdischer Staatsbürger war damit endgültig aufgehoben. Adam führte die zahlreichen Befristungen, Änderungen und Verordnungen auf die „*dilettantische Hast*“ zurück, die während des Gesetzgebungsprozesses herrschte.[116] Statt einer Konsolidierung des Beamtentums bewirkte das ständig modifizierte Gesetz über Jahre Unsicherheit.[117]

VII. Aufnahme des Gesetzes in der Bevölkerung

Im deutschen Volk regte sich kaum Widerstand gegen das evidente Unrecht des GWBB. Der deutsche Staatsrechtslehrer *Carl Schmitt* lobte das Gesetz zur Wiederherstellung des Berufsbeamtentums mit den Worten:

> *„Seine besondere Bedeutung liegt darin, dass es die artfremden Elemente aus der Beamtenschaft beseitigt“*[118].

Hermann Neef[119] erklärte 1935 auf dem Reichsparteitag:

> *„Daß der Staat sich ungeeigneter, unerwünschter Elemente entledigt, ist nur natürlich und selbstverständlich. Er würde*

[113] RGBl. 1933 I, S. 175 (§ 7 Abs. 2).

[114] RGBl. 1933 I, S. 389, 518, 655; 1934 I, S. 263, 604, 845 sowie m.w.N. *Mühl-Benninghaus*, S. 33, Fn. 131.

[115] RGBl. 1937 I, S. 41 ff.

[116] *Adam*, S. 48.

[117] Ebenda.

[118] *Schmitt*, Deutsches Recht 1934, 27, 29.

[119] *Hermann Neef* (1904-1950) – Mitglied des Reichstages. Tätig in der Reichsleitung der NSDAP und Mitglied der Akademie für Deutsches Recht.

> *sonst der bewussten oder unbewussten, bedachten oder unbedachten Sabotage an seiner Aufbauarbeit hilfreiche Hand leisten.“*[120]

Kaum ein Beamter, Anwalt oder Notar bezog öffentlich Stellung für die Betroffenen. Man sorgte sich, wenn überhaupt, um sich selbst oder das weitere Bestehen des Richterbundes.[121] Dies ist natürlich mit der Angst vor dem Verlust der eigenen Existenzgrundlage zu erklären, wobei dies allein keine Rechtfertigung ist. Andere stellten sich in den Dienst der Regierung. So schrieb *Erwin Noack*, Kommentator der Reichs-Rechtsanwaltsordnung (RRAO), dass freier Anwalt nur der sein könne, dem durch seine Blutzugehörigkeit zum deutschen Volke, die nationalsozialistische Weltanschauung Gewissen geworden ist.[122]

Allerdings gab es auch Menschen, die sich öffentlich gegen die Gesetzgebung positionierten und den Betroffenen durch tröstende Worte und Gaben halfen. So rief der Theologe *Hermann Mulert*, als Chefredakteur der Christlichen Welt[123], die Vertreter des Christentums auf, für Besinnung, Gerechtigkeit und Menschlichkeit einzutreten.[124] Auch *Dietrich Bonhoeffer* und *Martin Niemöller* versuchten als Vertreter der Bekennenden Kirche die Menschen gegen den „*Arierparagraph*“ zu mobilisieren.[125]

VIII. Mittel zur Legitimierung der NS-Ämterpatronage?

Hans Mommsen betrachtete das GWBB als gesetzliches Mittel, um der NS-Ämterpatronage eine rechtliche Grundlage zu geben.[126] In der Tat gab es mehrere Runderlasse, Parteigenossen, insbesondere bewährte „*Alte Kämpfer*“, unterzubringen.[127] Frick selbst bat in einem Runderlass an die obersten Reichsbehörden darum, insbesondere in Leitungs-

[120] *Neef*, S. 14 f.

[121] Vgl. *Göppinger*, S. 71.

[122] *Noack*, Komm-RRAO, § 1 Anm. 2 c.

[123] Kirchlich-religiöse Zeitschrift des Kulturprotestantismus, erschien von 1887-1941.

[124] *Nowak*, S. 24.

[125] Vgl. *Göppinger*, S. 71, Fn. 98 m.w.N.

[126] *Mommsen*, S. 39.

[127] Erlass v. 11.04.1933, Preußisches Ministerialblatt der Inneren Verwaltung, 1934 S. 661.

stellen Beamte einzusetzen, die *„rückhaltlos auf dem Boden der nationalsozialistischen Revolution stehen.“*[128] Dieses Vorhaben war jedoch von Anfang an zum Scheitern verurteilt. Dem NS-Regime fehlte nur wenige Monate nach der *„Machtergreifung“* schlichtweg das Personal, um die deutsche Verwaltung und Justiz innerhalb kurzer Zeit umzuformen. Gerade viele SA-Männer besaßen nicht die für die Beamtenlaufbahn erforderlichen Fähigkeiten und Qualifikationen. Zudem stand die Macht des NS-Regimes noch auf tönernen Füßen. *Franz v. Papen* gab Hitler nur wenige Monate. Um Hindenburg von der Ernennung Hitlers zum Reichskanzler zu überzeugen, soll von Papen gesagt haben:

> *„In zwei Monaten haben wir Hitler in die Ecke gedrückt, daß er quietscht!“*[129]

Es ist wohl davon auszugehen, dass eine vollständige, radikale *„Arisierung“* für die Nationalsozialisten zu riskant war. Nicht nur aus machtpolitischer, sondern auch aus wirtschaftlicher Perspektive. *Hjalmar Schacht*, Reichswirtschaftsminister, betonte die Wichtigkeit der Betätigung der Juden in der Wirtschaft.[130] Die NSDAP sprach sich ausdrücklich gegen Einzelaktionen oder Entlassungen durch Betriebsvertretungen aus.[131] Für Seel war es wichtig *„unnötige Härten zu vermeiden und den Betroffenen das Gefühl gerechter Behandlung zu geben.“*[132]

Schon das Reichsbeamtengesetz in der Fassung von 1919 und 1922 bot zudem die Möglichkeit, Beamte aufgrund ihrer „Politischen Tätigkeit“ in den Ruhestand zu versetzen.[133] Nach Mommsen wurde das Gesetz vor allem auch erlassen, um der willkürlichen Personalpolitik der NS-Statthalter, Oberpräsidenten und Landräte entgegenzuwirken.[134]

[128] Erlass v. 14.07 1933, RFM, BA R 2/22559, abgedr. bei *Mommsen*, S. 166.
[129] *Kroeschell*, S. 266.
[130] *Weihe*, S. 109.
[131] Vgl. *Walk*, S. 19, 22, 62.
[132] Vgl. *Mommsen*, S. 155.
[133] Vgl. *Mommsen*, S. 40.
[134] Vgl. *Mommsen*, S. 41 mit Verweis auf S. 157.

IX. Bewertung des Gesetzes

Das parteipolitisch neutrale (Art. 130 WRV) Berufsbeamtentum war durch die planmäßige Arbeit Hitlers und der NSDAP zerstört, der verfassungsmäßige Schutz der Beamten gegenüber dem Gesetzgeber (Art. 129 WRV) beseitigt. Schritt für Schritt konnten nun die Beamtenverhältnisse in ein besonderes, persönliches Treueverhältnis zu Hitler selbst und in ein Abhängigkeitsverhältnis zu der den Staat beherrschenden Partei umgestaltet werden.[135] Aus dem Beamten als Staatstdiener der loyal und korrekt die ergangenen Gesetze ausführt, wurde ein untertäniger Vollstrecker des Führerwillens und Träger der völkischen Ideologie.[136] Mit dem Deutschen Beamtengesetz wurden 1937 sodann nochmals die Beamten entfernt, deren Treue zum NS-Staat nicht gewährleistet war.[137]

Auch der Gleichheitssatz in Art. 109 Abs. 1 WRV und das Recht auf Zulassung zu öffentlichen Ämtern unabhängig des religiösen Bekenntnisses gemäß Art. 136 Abs. 2 WRV waren nun ausgeschaltet. Das mit dem GWBB verfolgte Ziel war damit eindeutig die Entfremdung und Arisierung der deutschen Beamtenschaft.[138] Gleichsam sollten die durch die Entlassungen entstehenden Versorgungsansprüche über das Gesetz möglichst kostenneutral geregelt werden.

Saul Friedländer urteilte: „*Dieses Gesetz zielte in seiner allgemeinsten Intention darauf, die gesamte Regierungsbürokratie umzugestalten, um ihre Loyalität gegenüber dem neuen Regime sicherzustellen. Seine Ausschließungsmaßnahmen, die für mehr als zwei Millionen staatlicher und städtischer Beschäftigte galten, waren gegen die politisch Unzuverlässigen, hauptsächlich Kommunisten und andere Gegner der Nationalsozialisten, und gegen Juden gerichtet.*“[139]

Uwe Adam sah in dem Gesetz vor allem eine Zäsur, die „*den Anfangspunkt eines neuartigen politischen Verständnisses hinsichtlich der gesetzlichen Behandlung von Minderheitsgruppen markierte und ein Signal setzte, das von keinem der Betroffenen übersehen werden konnte.*“[140]

---

[135] BVerfGE, 3, 1953, S. 89.

[136] Siehe *Weber-Fas*, S. 201 sowie *Huber*, S. 445.

[137] Deutsches Beamtengesetz v. 27. 01.1937, RGBl. I, S. 41.

[138] Vgl. *Seel*, S. 9 ff.

[139] *Friedländer/Kenan*, S. 31.

[140] *Adam*, S. 49.

Nach Ansicht von *Bernhard Müller* wurde den entlassenen Beamten de facto die Existenz genommen. Nur wenige hatten während der Zeit der Weimarer Republik, im Vertrauen auf ihre Beamtenrechte, Rücklagen gebildet.[141] Er verweist auf Schätzungen, wonach Drei-Viertel der Beamten in der Altersstufe von 30 bis 40 Jahren völlig mittellos wurden.[142]

[141] *B. Müller*, S. 84.
[142] Ebenda, S. 84 Fn. 336 m.w.N.

C. Das Gesetz über die Zulassung zur Rechtsanwaltschaft

Das Gesetz über die Zulassung zur Rechtsanwaltschaft (GZRA) wurde wie das GWBB am 7. April 1933 erlassen und ist diesem in Inhalt und Wesen gleich. Verantwortung zeichnete das Reichsjustizministerium mit seinem Gesetzesentwurf über das Ausscheiden der jüdischen Rechtsanwälte aus der Rechtsanwaltschaft. Dieser blieb noch hinter den Erwartungen einiger Landesjustizminister, insbesondere *Kerrl* und *Franck*, zurück, die noch weitergehende Regelungen forderten.[143] Aber auch nach Hitlers Meinung sollte nur „*das Notwendige*" geregelt werden.[144]

Aufgrund des GZRA wurde 1.494 jüdischen Anwälten in Deutschland die Zulassung entzogen. 2.900 Personen, also knapp zwei Drittel, konnten über das Frontkämpferprivileg zunächst in ihrem Beruf verbleiben.[145] Allerdings mussten auch diese mit zahlreichen Einschränkungen leben, da die Länder, soweit möglich, immer weitergehende Gesetze und Verordnungen erließen. Dies war möglich, da auch das GZRA – wie die meisten Gesetze der NS-Zeit – auf Generalklauseln und offene Rechtsbegriffe zurückgriff. Diese ermöglichten neben der bloßen Subsumtion eine weitgehende Interpretation entsprechend ideologischer Gesichtspunkte.[146] So regelte Preußen, dass Armenanwalt für eine arische Partei nur ein arischer Anwalt sein könne.[147] Eine Regelung, die sehr an die spätere Fünfte Verordnung zum Reichsbürgergesetz erinnert, wonach Juden nur noch als Konsulenten für Juden, keineswegs aber für

[143] *Adam*, S. 50.

[144] Vgl. u.a. *Weber*, S. 72, *Adam*, S. 50.

[145] *Rücker*, AnwBl., 12/2007, 801, 802. Zahlen finden sich insbesondere auch bei *Weniger*, JW 1937, 1391 f.

[146] Ähnlich auch *Adam*, S. 57.

[147] *Adam*, S. 57 mit Verweis die AV PrJM betr. Der Auswahl von Armenanwälten v. 10. Dezember 1934, abgedruckt in der Deutschen Justiz, S. 1572.

Arier, tätig sein durften. Ein Verbot der Vertretung von Juden durch arische Anwälte unterblieb nach Ansicht von *Majer* aus wirtschaftlichen Gründen.[148] Auch für spätere Zeiten ist derartiges nicht bekannt. Etwas anderes galt nur für Mitglieder der NSDAP und ihrer Gliederungen.[149]

Ein besonderes Nebengebiet regelte Thüringen im Januar 1934: Die Zulassung zum Prozessagenten.[150] Diese war fortan von der arischen Abstammung abhängig.[151]

Das Gesetz über die Änderung der Reichsrechtsanwaltsordnung vom 2. Dezember 1934 statuierte, dass die Aufnahme von jüdischen Anwälten in die Reichsrechtsanwaltschaft verboten ist.[152] Jüdische Juristen, denen die Zulassung entzogen war, durften fortan nicht mehr die Berufsbezeichnung Anwalt führen.[153] Veröffentlichungen jüdischer Anwälte wurden im Oktober 1936 laut *Majer* endgültig aus dem Verkehr gezogen.[154] Insbesondere nahmen Juristische Fachzeitschriften keine Beiträge mehr von Juden an.[155]

1937 berichtete die Reichsvertretung der Juden in Deutschland, dass ein erheblicher Teil der noch aktiven Rechtsanwälte inzwischen notleidend sei und die Geschäfte der Anwälte de facto in Richtung Nullpunkt gingen.[156]

Zusammen mit dem Reichsbürgergesetz wurde das Gesetz über die Zulassung zur Rechtsanwaltschaft durch das Alliierte Kontrollratsgesetz Nr. 1 vom 20. September 1945 aufgehoben.

---

[148] *Majer*, S. 234.
[149] *Majer*, S. 235 f.
[150] Prozessagenten waren Personen, denen das geschäftsmäßige mündliche Verhandeln vor Gericht gestattet war. § 157 Abs. 3 ZPO kannte Prozessagenten in der bis zum 30. Juni 2008 geltenden Fassung.
[151] Vgl. *Adam*, S. 57, § 6 VO über die Zulassung zum Prozessagenten v. 19.01.1934.
[152] Vgl. hierzu *Majer*, S. 227, RGBl. I, S. 1258.
[153] Ebenda.
[154] *Majer*, S. 225.
[155] *Weber*, S. 108 mit Verweis auf *Göppinger*, S. 138 ff.
[156] *Weber*, S. 111, zitierend auch *Krach*, 354.

D. Endgültiges Ende – auch für Frontkämpfer

„Jüdische Beamte treten mit Ablauf des 31. Dezember 1935 in den Ruhestand.“

§ 4 Abs. 2 der Ersten Verordnung zum Reichsbürgergesetz vom November 1935 bedeutete das endgültige Ende für die durch das Frontkämpferprivileg noch verbliebenen Notare. Mittels der Fünften Verordnung zum Reichsbürgergesetz vom 27. September 1938 wurde schließlich allen noch tätigen jüdischen Rechtsanwälten mit Wirkung zum 30. November 1938 die Zulassung entzogen.

Über das Rechtsberatungsmissbrauchsgesetz (RBMG) sollte verhindert werden, dass ausgeschiedene jüdische Juristen, gleich ob ehemals Anwälte oder Notare, als Rechtsberater tätig werden. Es diente damit zur Absicherung des Gesetzes zur Wiederherstellung des Berufsbeamtentums, des entsprechenden Gesetzes über die Zulassung zur Rechtsanwaltschaft und den Verordnungen zum Reichsbürgergesetz.[157] *Simone Rücker* betont, dass die Regelungen des RBMG theoretisch Schlupflöcher – etwa für eine Tätigkeit als Angestellter oder Syndikus – offen ließen. Das Reichsjustizministerium hatte allerdings in Reaktion auf eine Anfrage im August 1938 erklärt, dass ehemalige jüdische Rechtsanwälte das Verbot einer selbständigen Rechtsberatungstätigkeit nicht unter dem Deckmantel eines Angestelltenverhältnisses unterlaufen dürften.[158] Derartig mögliche Angestelltenverhältnisse dürften, wie auch *Rücker* ausführlich deutlich macht, de facto aber kaum oder überhaupt nicht existiert haben.

[157] *Rücker*, S. 446 f.
[158] *Rücker*, S. 449 mit Verweis auf BArch, R3001/altR22/653, Bl. 335 ff.

Im Oberlandesgerichtsbezirk Jena erhielten nur wenige Juristen eine Konzession als sogenannte „*Konsulenten*“, um vor allen Gerichtsinstanzen jüdische Mandanten zu vertreten. Anders als „*arische*“ Rechtsanwälte durften sie keine Robe tragen und waren gezwungen sich als „*Jude*“ – ab 1941 durch Tragen des Judensterns[159], zuvor durch Kennkarte und Verlautbarung – auszuweisen.[160] Gebühren erhoben die Konsulenten gegenüber ihren Mandaten zwar im eigenen Namen, allerdings mussten 70 Prozent an eine von der Reichsrechtsanwaltskammer eingerichtete Ausgleichsstelle abgeführt werden. Der spärliche Rest diente dem Unterhalt der Geschäfte und dem eigenen Lebensunterhalt.[161] Die Verordnung zur Durchführung der Fünften Verordnung zum Reichsbürgergesetz vom 12. Juni 1940 statuierte, dass Konsulenten als Strafverteidiger nur aus besonderen Gründen zurückgewiesen werden konnten.[162] Schutz vor einer Verhaftung durch die Gestapo oder gar einer Deportation gewährte die Zulassung als Konsulent nicht.[163]

Erwin Noack machte im Namen des NS-Rechtswahrerbundes klar, dass ein jüdischer Konsulent unter gar keinen Umständen als Rechtswahrer oder auch nur als anwaltliche Institution angesprochen werden darf. Ein Konsulent sei:

> *„. . . nichts weiter als ein Interessenvertreter für eine jüdische Partei. Recht wahren können nur die Richter und Rechtsanwälte als gerichtliche Organe. Die vom Gesetzgeber gewählte Lösung ist ein würdiger, weltanschaulich bedingter Ausgleich. Dem deutschen Volksgenossen der deutsche Rechtswahrer! Dem Juden der jüdische Konsulent! Mit Stolz kann der deutsche Anwalt sich wieder Rechtsanwalt nennen!“*[164]

Das GWBB und das GZRA waren im Ergebnis ein schwerer Schlag für die jüdischen Juristen. Statistisch widmeten sich – im Vergleich zur Gesamtbevölkerung – schließlich überproportional viele Juden der Rechtsberatung. So ergab eine am 16. Juni 1933 durchgeführte Volkszählung, dass reichsweit 16,25 Prozent der Anwälte jüdischen Glaubens

[159] Polizeiverordnung vom 01.09.1941, RGBl. I S. 547.

[160] Vgl. § 3 der 3. Bekanntmachung über den Kennkartenzwang vom 23.07.1938, RGBl. I S. 922; m.w.N. hierzu *Krach*, S. 22 m.w.N.

[161] *Weber*, S. 134 m.w.N.

[162] Verordnung vom 12.06.1940, RGBL I, S. 872.

[163] *Gruchmann*, S. 184.

[164] *Noack*, JW 1938, S. 2796 f.

sind, obgleich der entsprechende Anteil der Bevölkerung nur 0,77 Prozent betrug.[165] Zu beachten ist bei der Betrachtung dieser Statistik, dass allein die „*Glaubensjuden*“ betrachtet wurden, sodass der Anteil der durch die Gesetze betroffenen Anwälte und Notare mit „*jüdischer Abstammung oder Versippung*“ wohl weitaus größer war.

[165]Statistik des Deutschen Reichs, Bd. 451, Heft 5: Die Glaubensjuden im Deutschen Reich, Berlin 1936.

E. Schicksale jüdischer Notare im OLG-Bezirk Jena

Der Thüringer Oberlandesgerichtsbezirk Jena, der hier untersucht wird, gliederte sich in die Landesgerichtsbezirke Altenburg, Eisenach, Gera, Gotha, Meiningen, Rudolstadt, Weimar und Nordthüringen. Das Oberlandesgericht befand sich in Jena. Nicht untersucht wird der Oberlandesgerichtsbezirk Naumburg, zu dem die Landgerichte in Nordhausen und Erfurt zählten. Obwohl Sondershausen eigentlich auch dem Preußischen Oberlandesgericht Naumburg unterstand, waren die dort tätigen Notare dem OLG Jena zugeordnet.[166]

Das Notariat selbst hatte sich in Thüringen aufgrund der Kleinstaaterei unterschiedlich entwickelt, bezog sich jedoch grundsätzlich auf die Reichsnotariatsordnung von 1512. Jeder Staat hatte diese in weiteren Gesetzen mehr oder weniger modifiziert. Eine Besonderheit war es, das die Amtsgerichte in den meisten Staaten Beurkundungsfunktionen innehatten, sodass Amtsgerichte und Notare gleichberechtigt nebeneinander tätig sein konnten. Erst mit der Entstehung des Landes Thüringen wurde das Notariat einheitlich geregelt. So war es möglich, neben dem Notariat auch als Rechtsanwalt tätig zu sein. Erst die Reichsnotarordnung vom 13. Februar 1937 brachte eine reichseinheitliche Regelung. Die entscheidende Änderung war die reichsweite Einführung des Nurnotariats.[167]

Notare, die jüdisch oder jüdisch versippt waren und im Laufe der Jahre aus ihrem Beruf schieden, finden sich in den Akten des Oberlandesgerichtsbezirkes Jena im Thüringischen Hauptstaatsarchiv Weimar (ThHStAW). Diese Akten und die von *Siegfried Wolf* herausgegebe-

[166] ThHStAW, Akten des ThürOLG Jena, 1127.
[167] Vgl. *Schmidt*, S. 97 ff.

ne Publikation *„Juden in Thüringen 1933-1945. Biographische Daten“* bilden die wichtigsten Grundlagen der Untersuchung.

In Eisenach sind Dr. *Alfred Backhaus*, Dr. *Julius Blüth*, *Erich Brückmann*, Dr. *Adolf Sommerfeld*, *Theobald Speyer* und Dr. *Robert Stern* als Juden gelistet. In Gera waren Dr. *Max Baumgart* und Dr. *Max Hauptmann*, in Gotha Dr. *Leo Gutmann* und Dr. *Bruno Oppenheim* tätig. Dr. *Walter Ledermann* und *Kurt May* sind für Jena im Landesgerichtsbezirk Weimar gelistet. Für Meiningen finden sich die Namen *Louis Laub*, Dr. *Ignatz Sachs* und Dr. *Jacob Simon*. Im nordthüringischen Sondershausen amtierten Dr. *Ludwig David* und *Kurt Boer*. Aus den anderen zwei Landesgerichtsbezirken sind aus der existierenden Aktenlage keine jüdischen Notare ersichtlich. Als *„jüdisch versippt“* gehen aus den Akten etwa Dr. *Rudolf Paul* aus Gera und Dr. *Paul Kieß* aus Jena hervor.

Da alle Notare bis zum 30. September 1935 (aus unterschiedlichen Gründen) nicht mehr im Amt waren, bietet sich eine Untersuchung der Summe der Geschäftszahlen in den Jahren 1931 bis 1935 an. Am Rückgang der Zahlen lassen sich Rückschlüsse über die sinkende Akzeptanz jüdischer Notare schließen. Es fällt auf, dass alle Notare bereits vor der Machtübernahme der Nationalsozialisten Rückschritte in ihren Geschäften machten, die allerdings mit der jährlich wechselnden Auftragslage erklärbar ist. Ab 1931 zeichnet sich bei allen Notaren ein Rückgang der Geschäftslage ab. Dies ist also nicht mit antisemitischen Boykotten erklärbar. Ein stärkerer, antizyklischer Rückgang von Geschäften jüdischer Notare zeigt sich mit dem reichsweiten Machtantritt der Nationalsozialisten (siehe Anlage 1-3).

Im September 1935 ging ein Telegramm des Reichsjustizministeriums an alle Oberlandesgerichtsbezirke mit der Aufforderung zur *„unverzüglichen“* Mitteilung der *„genauen oder annähernd genauen Zahl“* aller im Oberlandesgerichtsbezirk zugelassenen jüdischen Anwälte und Notare.[168] Am 30. September 1935 erreichte den Präsidenten des OLG Jena ein weiteres Telegramm des Reichsjustizministeriums. Hiernach sollte allen volljüdischen Notaren mit sofortiger Wirkung ihre Amtstätigkeit untersagt werden.[169]

Im offiziellen Schreiben hieß es:

> *„Im Auftrag des Herrn Reichsminister für Justiz untersage ich Ihnen mit sofortiger Wirkung Ihre Amtstätigkeit als No-*

[168] Vgl. ThHStAW, Akten des ThürOLG Jena, 1118/Bl. 162.
[169] Vgl. ThHStAW, Akten des ThürOLG Jena, 1118/Bl. 164.

> *tar fortzuführen. Die Untersagung wirkt rechtlich, wie wenn Sie aus ihrem Amt ausgeschieden wären.*"[170]

In einem Schreiben vom 2. Oktober 1935 wurde von Seiten des Reichsjustizministeriums gegenüber den Oberlandesgerichten erläutert, dass die Untersagung keine endgültige Entlassung der betroffenen Notare bedeute, wenngleich eine solche vorbehalten bleibe.[171] Entsprechend wurde angeordnet, Stempel und Papiere nicht zu vernichten, sondern in amtliche Verwahrung zu nehmen.[172] Unmissverständlich war allerdings dem Schreiben folgender Satz zu entnehmen:

> „*Nach dem zur erwartenden Durchführungsbestimmungen zum Reichsbürgergesetz wird jedoch eine weitere Amtsausführung der betroffenen Notare nicht mehr in Frage kommen.*"[173]

Durch die Erste Verordnung zum Reichsbürgergesetz vom 14. November 1935 wurden schließlich die letzten, durch das Frontkämpferprivileg noch tätigen jüdischen Notare aus ihren Ämtern gedrängt.

I. Eisenach

1. Alfred Backhaus

Über *Alfred Backhaus*, am 13. August 1891 in Eisenach als achtes Kind des Holzhändlers *Wilhelm Backhaus* geboren und im Jahr 1925 als Notar zugelassen[174], existieren nur wenige Aufzeichnungen in den Akten des Thüringer Oberlandesgerichtsbezirkes. Vermutlich hatte er 1915 in Marburg mit der Schrift: „*Das Verlöbnis nach dem Bürgerlichen Gesetzbuch*" promoviert.[175] Sicher ist, dass er mit *Adolf Sommerfeld* in gemeinschaftlicher Praxis tätig war.[176] 1925 heiratete er in Berlin *Hanna Wollenberg*.[177] 1933 musste der inzwischen zweifache Familienvater

---

[170] Vgl. ThHStAW, Akten des ThürOLG Jena, 1118/Bl. 167, 02.10.1935.

[171] Vgl. ThHStAW, Akten des ThürOLG Jena, 1118/Bl. 168, 02.10.1935.

[172] Ebenda.

[173] Ebenda.

[174] *Ladwig-Winters*, S. 142.

[175] Die Dissertation lautet auf Backhauß – passend ist aber das Geburtsjahr 1891. Vgl. Deutsche Nationalbibliothek Leipzig, Signatur: Di 1915 A 1681.

[176] *Ladwig-Winters*, S.142.

[177] *Wolf*, Bd. 1 m.w.N.

sein Notariat niederlegen. Er starb nach den Angaben von *Wolf* am 18. Juni 1937 in Eisenach.[178] Nach *Simone Ladwig-Winters* nahm er sich unter dem Druck des NS-Regimes das Leben.[179]

2. Julius Blüth

Julius Blüth, geboren am 15. September 1879 in Wasungen, war laut *Brunner* nach dem Abitur in Eisenach und dem Studium der Rechte seit 1908 als Anwalt und Notar in Eisenach tätig.[180] Seine Kanzlei hat sich seit 1929 am Eisenacher Johannisplatz befunden.[181] Sein Leben war ähnlich wie das von Sommerfeld durch vielfältiges Engagement geprägt. Neben seinem Einsatz um die jüdische Gemeinde Eisenachs war er seit 1911 Vorsitzender des Gewerbegerichts und stellvertretender Vorsitzender des Kaufmannsgerichts. Er saß seit 1920 im Vorstand des Hausbesitzervereins und war auch Mitglied des Stadtrates. Zu Anfang für die Freisinnige Volkspartei, später für die Fortschrittliche Volkspartei.[182] Der Bund Deutscher Philatelisten listet ihn als Mitglied im früheren Thüringer Briefmarken-Sammler-Bund.[183] Von besonderem Interesse ist sein Beitrag: „*Fricks Glück und Ende*".[184] Dieser erschien in der jüdischen Wochenschrift „*Die Wahrheit*" und zeugt von seinem Interesse für Politik und dem Mut, gegen den Nationalsozialismus anzuschreiben.

Aufgrund der Ersten Durchführungsverordnung zum Gesetz zur Wiederherstellung des Berufsbeamtentums vom 11. April 1933 galt als *nichtarisch* „wer von nichtarischen, insbesondere jüdischen Eltern oder Großeltern abstammt." Daraufhin musste *Julius Blüth* sein Notariat aufgeben.

Nach den Angaben von *Wolf* war er vom 9. November bis Anfang Dezember 1938 in das Konzentrationslager Buchenwald verschleppt worden.[185] 1939 flüchtete er über Italien nach Chile. Aus diesem Jahr ist auch eine Sicherungsanordnung über sein Vermögen datiert.[186] Am 25. März 1941 erfolgte die Aberkennung seiner Promotion durch die

[178] Vgl. *Wolf*, Bd. 1.

[179] *Ladwig-Winters*, S. 142.

[180] *Brunner*, S. 63 f. Vgl. auch die Akten des OLG Jena im ThHStAW.

[181] Vgl. *Brunner*, S. 63 f.

[182] *Brunner*, S. 63 f.

[183] *Maassen*, Wer ist wer in der Philatelie?, abgerufen auf www.bdph.de.

[184] Jüdische Wochenschrift Die Wahrheit, XLVII. Jahrgang Nr. 16 v. 17. April 1931. Abgedruckt unter Gesetze, Verordnungen und Materialien.

[185] *Wolf*, Bd. 1.

[186] *Brunner*, S. 63 f., Wolf, Bd. 1.

Juristische Fakultät der Universität Heidelberg.[187] 1951 wurde ihm für den letztlich erzwungenen „Verkauf" seines Hauses ein in Raten zu zahlender Wiedergutmachungsanspruch i.H.v. 20.000 DM zugestanden.[188]

3. Erich Brückmann

Der am 9. August 1894 in Oschersleben geborene *Erich Brückmann* war seit 1924 in der Kanzlei von *Julius Blüth* tätig und vertrat diesen in notariellen Angelegenheiten schon vor seiner offiziellen Ernennung zum Notar, im Jahre 1930.[189] Unmittelbar nach der Machtübernahme der Nationalsozialisten wurde die „Ernennung zum Notar im Lande Thüringen mit dem Amtssitz in Eisenach" widerrufen.[190] Daraufhin entwickelte sich ein längerer Streit zwischen Verwaltung und Brückmann, da dieser von der Ausnahmeregelung für Frontkämpfer Gebrauch machen wollte. In der Tat hatte Brückmann vom 2. August 1914 als Kriegsfreiwilliger bis zum 20. Dezember 1918 gedient, und wie ihm alte Kameraden bescheinigten:

> *„Dienst getan und zwar an der richtigen Front, (Arras, Loretthöhe, Somme usw.) Er hat sich damals als tapferer und tüchtiger Frontsoldat* [„Front" ist handschriftlich unterstrichen] *bewährt."*[191]

Brückmann wurde als Leutnant entlassen und ihm wurden während des Krieges das Eiserne Kreuz II und I sowie die Hessische Tapferkeitsmedaille verliehen. Weiterhin versuchte er unter Hinweis auf seine *arische* Frau und seine *evangelische* Religionszugehörigkeit, die Behörden zu überzeugen, den Widerruf rückgängig zu machen.[192] Nach Gesuch auf Rücknahme, wiederholtem Einspruch und ergänzenden Stellungnahmen musste er einsehen, dass die Staatsmacht nicht daran in-

---

[187]Deutscher Reichsanzeiger und Preußischer Staatsanzeiger v. 25. März 1941.

[188]ThHStAW, Ministerium der Finanzen Nr. 3309/Bl. 1, 24.11.1951.

[189]Vgl. ThHStAW, Personalakte aus dem Bereich Justiz, Nr. 1281/Bl. 1, 13.10.1924; Nr. 1281/Bl. 16, 11.07.1925; Nr. 1281/Bl. 22, 07.05.1930; Nr. 1281/Bl. 23, 12.05.1930. Siehe auch *Wolf*, Bd. 1.

[190]ThHStAW, Personalakte aus dem Bereich Justiz, Nr. 1281/Bl. 24, 18.04.1933.

[191]ThHStAW, Personalakte aus dem Bereich Justiz, Nr. 1281/Bl. 72, Major a. D. *Gerhard Ackermann*, Verein der Offiziere des Ehemaligen Feldartillerie-Regiments Prinzregent Luitpold von Bayern (Magdeburg) Nr. 4 e.V., 09.05.1933.

[192]Vgl. ThHStAW, Personalakte aus dem Bereich Justiz, Nr. 1281/Bl. o. A., 20.03.1935.

teressiert war, ihn weiterhin als Notar zu führen.[193] Sein Rechtsanwaltspatent wurde ihm auf Grund von § 1a der Fünften Verordnung zum Reichsbürgergesetz vom 27.09.1938 entzogen.[194] Er wanderte nach England aus. Für das Jahr 1946 ist sein Wohnsitz in London dokumentiert.[195]

4. Adolf Sommerfeld

Adolf Sommerfeld, geboren am 24. September 1872 in Lodz, war seit 1899 als Rechtsanwalt und seit 1920 als Notar in Eisenach tätig.[196] Nach der Untersagung der Amtstätigkeit als Notar gab er – nach den Recherchen von *Wolf* aufgrund Krankheit – am 12. Oktober 1935 auch seine Anwaltstätigkeit auf. Er starb nur kurze Zeit später am 6. November 1935 im Alter von 63 Jahren.[197] Inwieweit sein Tod durch das Berufsverbot beschleunigt wurde, lässt sich nicht sagen. Sicher ist, dass für ihn eine Welt zusammengebrochen sein muss. Hatte er sich doch stets für Eisenach – als Gemeinderat, Vorsitzender der freisinnigen Volkspartei und später der DDP – eingesetzt.[198] Bereits 1931 war er gezwungen sein Aufsichtsratsmandat im Elektrizitätswerk der Stadt Eisenach aufzugeben. Auch seine Söhne *Ernst* und *Max*, beide Anwälte, mussten ihre Tätigkeit aufgeben. Sie konnten noch rechtzeitig emigrieren. Ihre Mutter *Meta* wurde nach Auschwitz deportiert und gilt seit 1943 als verschollen.[199]

5. Theobald Speyer

Theobald Speyer, am 31. Juli 1872 in Vacha in der Rhön geboren, hatte in Jena Recht studiert und war in Eisenach seit 1898 als Anwalt und seit dem 15. November 1920 als Notar tätig.[200] Er praktizierte seit 1922 in einer Sozietät mit dem ebenfalls jüdischen Anwalt und Notar Robert Stern.[201] Obwohl er aufgrund des Frontkämpferprivilegs – Frontkämp-

[193] Vgl. ThHStAW, Personalakte aus dem Bereich Justiz, Nr. 1281/Bl. 77-89; Nr. 1281/Bl. 103-106.
[194] Vgl. RGBl. 1938, S. 1403.
[195] Vgl. *Wolf*, Bd. 1 m.w.N.
[196] *Wolf*, Bd. 2.
[197] Vgl. *Wolf*, Bd. 2.
[198] Vgl. *Brunner*, S. 163, 265 f.
[199] Vgl. *Wolf*, Bd. 2.
[200] *Wolf*, Bd. 2.
[201] *Ladwig-Winters*, S. 141.

fernachweis und Darlegungen über seine Militärlaufbahn finden sich im Nachlass[202] – noch bis 1935 als Notar praktizierte, musste auch er um seine Existenz bangen. Die Summe seiner Geschäfte verringerte sich stetig. Viele Mandanten, unter anderem die Tölkesche Rittergutsverwaltung, wandten sich ab und entzogen das Mandat.[203] 1938 wurde auch die Zulassung als Rechtsanwalt zurückgenommen. Am 10. November 1938 wurde er kurzzeitig nach Buchenwald verschleppt. Hiervon zeugt auch die Fotoreproduktion einer Postkarte, die Theobald Speyer aus Buchenwald an seine Frau schrieb.[204] Den Holocaust überlebte er nur durch rechtzeitige Emigration nach England. Aus seinem Nachlass geht unter anderem der Briefwechsel mit seiner während der Emigration in Eisenach verbliebenen, nichtjüdischen, Frau *Else* hervor.[205] 1948 kehrte er nach Eisenach zurück und setzte sich, wieder als Anwalt praktizierend, für Wiedergutmachungsansprüche ein. Er starb 1956 im Alter von 84 Jahren eines natürlichen Todes.[206]

6. Robert Stern

Robert Stern, geboren am 22. Juli 1883 in Geisa, war seit 1911 als Rechtsanwalt in Eisenach zugelassen. Am 15. November 1920 erfolgte die Ernennung zum Notar.[207] Wie sein Socius *Theobald Speyer* litt er unter der gesellschaftlichen Ausgrenzung und der Vernichtung seiner Existenz.[208] Dies wird anhand des starken Rückganges seiner Geschäftszahlen ersichtlich. Im Oktober 1935 musste auch er sein Notariat niederlegen. Zusammen mit Speyer plante er mit seiner Famillie auszuwandern und ein neues Glück in Palästina zu suchen.[209] *Wolf* notiert eine Auswanderungsabsicht nach Frankreich.[210] Dieses Vorhaben scheiterte. Im September 1938 wurde sein Vermögen beschlagnahmt. Am 10. Mai 1942 wurde er, zusammen mit seiner Frau *Ella*, nach Belzyce/b. Lublin deportiert.[211] Weitere Spuren sind unbekannt. Vermutlich überlebten sowohl Robert als auch Ella Stern den Holocaust nicht. Ihre

[202] Stadt A Eisenach, 40.2.18 NL *Speyer*.
[203] *Brunner*, S. 147.
[204] Stadt A Eisenach, 40.2.18 NL *Speyer*.
[205] Ebenda.
[206] Vgl. *Wolf*, Bd. 2.
[207] Ebenda.
[208] *Ladwig-Winters*, S. 141.
[209] Ebenda.
[210] *Wolf*, Bd. 2.
[211] Vgl. *Wolf*, Bd. 2.

Kinder, *Johanna Leonore* und *Herbert*, konnten noch rechtzeitig das Land verlassen.[212]

II. Gera

1. Max Baumgart

Der seit 1926 in Gera praktizierende Anwalt und Notar Dr. *Max Baumgart*, geboren am 7. Dezember 1887 in Völkershausen, musste bereits Ende April 1933 sein Notariat aufgeben. Nach den Angaben von *Simsohn* bildete er mit dem nichtjüdischen Rechtsanwalt Dr. *Weinland* eine Sozietät.[213] Bis Ende April sind für ihn in der Summe noch 43 Geschäfte gelistet. Nach Angaben von *Wolf* hat der Landgerichtspräsident das Notariat von Baumgart am 2. Mai 1933 durch Widerruf beendet, woraufhin er mit seiner Frau *Margot* nach Erfurt zog.[214] Nach der Reichspogromnacht wurde er kurzzeitig in das KZ Buchenwald verschleppt. Ihm gelang es nach New York auszuwandern.[215]

2. Max Hauptmann

Dr. *Max Carl Hauptmann*, der in einer Sozietät mit Dr. *Rudolf Paul* in Gera tätig war, musste ebenso sein Notariat niederlegen. Bis April 1933 sind für ihn in der Summe 84 Geschäfte belegt. Hauptmann, am 8. April 1897 in Gera geboren, legte 1914 die Notreifeprüfung ab und meldete sich als Kriegsfreiwilliger beim Reserve-Jäger Bataillon 11 in Marburg. Im März 1916 wurde er bei Verdun so schwer verwundet, dass sein linkes Bein amputiert werden musste. Nach seiner Genesung und dem Ausscheiden aus dem Heer begann er ein Studium der Jurisprudenz in Jena und Heidelberg. Am 26. April 1920 wurde er als Referendar dem Amtsgericht Gera zugeteilt. Nach seinem Assessorexamen war er kurze Zeit als Hilfsrichter tätig. Der Präsident des LG Gera bescheinigte ihm „*bedeutende juristische Kenntnisse*“ und „*Verständnis für wirtschaftliche Fragen*“.[216] Gegen die Sozietät von Hauptmann und Paul, die vor allem auch KPD- und SPD Mitglieder vertrat, hetzte insbeson-

[212] Ebenda.
[213] *Simsohn*, Bd. 2, S. 23.
[214] Vgl. *Wolf*, Bd. 1.
[215] Ebenda m.w.N.
[216] Vgl. *Simsohn*, Bd. 2, S. 86.

dere der nationalsozialistische „*Geraer-Beobachter*“.[217] 1937 wanderte Hauptmann nach Argentinien aus und ließ sich in Buenos Aires nieder, wo er unter anderem als Wirtschaftsberater fungierte.[218]

III. Gotha

1. Leo Gutmann

Der Rechtsanwalt und Notar Dr. *Leo Gutmann*, am 2. Februar 1875 in Coburg als Sohn des Kaufmannes *Hirsch Gutmann* geboren, war in Gotha seit dem Jahre 1901 tätig.[219] Zuvor war er kurze Zeit – nach dem Referendariat und der Ablegung des Assessorexamens – Amtsanwalt und Hilfsrichter in Waltershausen.[220] Er war in vielfältiger Weise für Stadt und Land engagiert. So gehörte er für die DDP dem Landtag an. Von seinem wachen politischen Geist zeugt unter anderem die 1919 erschienene Schrift: „*Die Neugestaltung Thüringens*“ in der Reihe „*Schriften zur Thüringer Frage*“.[221] Bereits zur Zeit der Weimarer Republik war er antisemitischer Hetze, insbesondere der DNVP ausgesetzt. Aber auch der Abgeordnete Geithner – wohlgemerkt USPD – bezichtigte ihn in einem Debattenzwischenruf im Landtag der „*jüdischen Infamie*“.[222] In Gotha errichtete Gutmann eine Stiftung für begabte Schüler am Ernestinum, 1929 wurde er zum Beisitzer im Vorstand der Ortsgruppe des Central-Vereins gewählt.[223] Nach den Angaben von *Wolf* zog er 1933 nach Düsseldorf und wanderte 1937 in die USA aus. 1946 verzichtete Leo Gutmann, nun wohnhaft in Hollywood/Kalifornien, handschriftlich auf Wiedergutmachungsansprüche, da alle von ihm im Vorfeld der Auswanderung getätigten Geschäfte normal abgelaufen seien.[224]

---

[217] Ebenda, sowie *Schneider/Schwarz/Schwarz*, S. 146, 231.

[218] Vgl. *Wolf*, Bd. 1.

[219] *Schneider/Schwarz/Schwarz*. S. 135.

[220] Ebenda.

[221] Thüringer Universitäts- und Landesbibliothek, Magazin 8 Sax.III, 251: 1.

[222] *Matthiesen*, S. 102.

[223] Vgl. *Wolf*, Bd. 1.

[224] ThHStAW , Land Thüringen – Ministerium der Finanzen, Gutmann Nr. 3498/Bl. 4, 21.04.1946.

2. Bruno Oppenheim

Bruno Oppenheim war als promovierter Jurist ebenso als Rechtsanwalt und Notar in Gotha zugelassen. 1928 war er Zweiter Vorsteher der Jüdischen Gemeinde in Gotha.[225] Auch wenn er noch aufgrund des Frontkämpferprivilegs bis 1935 als Notar tätig war, litt er gewiss, ebenso wie alle bereits 1933 entlassenen Notare, an Existenzängsten. Schließlich zeugt die Entwicklung der Summe seiner Geschäfte davon, dass er seltener und letztlich kaum noch aufgesucht wurde. 1938 wurde er zum Konsulenten ernannt, worauf an späterer Stelle noch eingegangen wird. Er starb nach rechtzeitiger Emigration am 1. Juli 1946 im Alter von 69 Jahren in London.[226]

IV. Jena

1. Kurt May

Kurt May, geboren am 15. August 1896 in Meiningen, wurde, obwohl er im Weltkrieg von 1917 bis 1918 kämpfte, aus politischen Bedenken nicht vom „*Frontkämpferprivileg*" berücksichtigt. Nach den Angaben von *Wolf* war er nur als Anwalt zugelassen.[227] Aus den Akten des OLG Jena und den Geschäftszahlen geht jedoch eindeutig eine Tätigkeit als Notar hervor. Kurt May emigrierte bereits 1934 nach Palästina, wo er auch heiratete. Er kehrte nach dem Ende des Nationalsozialismus nach Deutschland zurück und bemühte sich als Direktor der United Restitution Organisation um Wiedergutmachungsansprüche entrechteter Juden.[228] Darüber hinaus setzte sich May auch für die Ansprüche der *Sinti* und *Roma* ein. So wies er mittels zahlreicher Quellen nach, dass die Sinti und Roma von Anfang an nicht im Rahmen von polizeilichen Vorbeugungs- und Sicherungsmaßnahmen – so erst der BGH[229] in Fortsetzung der NS-Sicht – sondern aus rassischen Motiven verfolgt wurden.[230] Von *Walther Schwarz* wurde er gewürdigt:

---

[225] Vgl. *Wolf*, Bd. 2.

[226] Ebenda.

[227] *Wolf*, Bd. 2.

[228] Vgl. *Wolf*, Bd. 2 o. S. Hier ist allerdings als Jahr der Emigration 1933 angegeben.

[229] BGH, RzW 4 (1956), 113, 114.

[230] *Wippermann*, S. 251.

> *„Er hat die Sache der Verfolgten stets mit unantastbarer Würde, mit großem Geschick und mit unbestreitbarem Erfolg vertreten. Seine Verhandlungspartner schätzten ihn als einen fairen, in der Form konzilianten, oft charmanten, aber unbeugsamen Gegner.“*[231]

Er starb nach einem erfüllten Leben im Alter von 95 Jahren am 26. Mai 1991 in Frankfurt am Main. Ein Nachruf in der im Vereinigten Königreich erscheinenden Tageszeitung *The Independent* ehrte ihn 1992 mit den Worten:

> *„There are literally hundreds of thousands of people who may have never heard the name of Kurt May but who are heavily in his debt. He conducted his work with a passion for justice, an unshakable belief in the right to demand the redress for wrongs and always maintained the greatest degree of dignity in the pursuit of this cause.'*[232]

2. Walter Ledermann

Walter Ledermann, geboren am 20. April 1899, kehrte nach Arnstadt zurück, nachdem er sein Amt als Notar niederlegen und seine Jenaer Kanzlei aufgeben musste.[233] Er beging am 13. Mai 1938 Selbstmord, vermutlich weil er unter dem Berufsverbot und den vielen anderen Diskriminierungen litt. *Gabriele Rönnefarth* hatte herausgefunden, dass Ledermann vom 10. November 1938 bis zum 5. Dezember 1938 ins KZ Buchenwald verschleppt worden sei, was aber den Untersuchungen von *Wolfgang Tittelbach-Helmrich* widerspricht.[234] Letztendlicher Beweis für die Richtigkeit von Tittelbach-Helmrich ist der Grabstein Ledermanns auf dem jüdischen Friedhof Arnstadts, der den Todestag am 13.05.1938 – also vor einer vermeintlichen Verhaftung – zeigt.[235] Seine Familie, ursprünglich aus Arnstadt, ist ein tragisches Beispiel der Folgen der menschenverachtenden Diskriminierungen gegenüber Juden: Walters Schwester *Hilda*, Diplom-Chemikerin, tötete sich im gleichen

[231] *Schwarz*, RzW 22 (1971), 388 f.

[232] The Independent, v. 03.06.1992. Ähnlich auch der Nachruf im The Guardian, v. 03.06.1992: "*Hundreds of thousands of former Nazi victims in many different countries have good reason to be grateful to him*".

[233] *Wolf*, Bd. 1.

[234] Vgl. *Rönnefarth*, S. 83 sowie a.A. *W. Tittelbach-Helmrich*, S. 40.

[235] Vgl. Abbildung in den Materialien.

Jahr am 13. Oktober, wahrscheinlich aus denselben Gründen wie ihr Bruder. Die Eltern, *Max* und *Minna* wurden am 20. September 1942 nach Theresienstadt deportiert.[236] Dies widerspricht allerdings der bei Tittelbach-Helmrich dargestellten mündlichen Überlieferung, wonach beide Selbstmord begingen, als ihnen der Abtransport ins KZ angekündigt wurde.[237] Es könnte sein, dass die Behörden die Deportation mit dem Selbstmord verschleiern wollten. Nur der Bruder Walters, Dr. *Ernst Ledermann*, Volkswirt, flüchtete in die USA und überlebte.[238] Eine gebildete und angesehene Familie aus Thüringen wurde aus ideologischen Gründen in den Untergang getrieben, noch bevor die industrielle Vernichtung der Juden beschlossen worden war. Seit 2010 finden sich in der Lessingstraße 3 in Arnstadt Stolpersteine, die an das Schicksal der Familie Ledermann erinnern. Für Walter Ledermann trägt der Stein die Aufschrift:

„Gedemütigt / Entrechtet / Flucht in den Tod 1938“.

V. Meiningen

1. Louis Laub

Louis Laub, geboren am 21. Februar 1860, war nach dem Studium in Jena seit 1890 als Anwalt zugelassen.[239] Die negative Entwicklung der Geschäftszahlen wird bei ihm am deutlichsten. In den Jahren 1931 und 1932 ist Laub, Volljude, einer der „*Spitzennotare*“ in Meiningen. Im Jahr 1933 sinkt die Gesamtsumme seiner Geschäfte von 761 auf 292, womit er zwar immer noch über dem Durchschnitt liegt, aber einen Einbruch hat, der nicht mehr mit der schwankenden Auftragslage erklärbar ist. Ein Jahr später befindet er sich mit 124 getätigten Geschäften im unteren Mittelfeld. Im nächsten Jahr sinkt seine Zahl weiter, obwohl die allgemeine Auftragslage gestiegen ist.[240] Louis Laub verstirbt am

---

[236] Vgl. *Tittelbach-Helmrich*, S. 40.
[237] Vgl. *Wolf*, Bd. 1.
[238] Vgl. *Tittelbach-Helmrich*, S. 40.
[239] *Human*, S. 104.
[240] Vgl. ThHStAW, Akten des ThürOLG Jena, 1127.

22. August 1937 in Meiningen.[241] Seine Frau *Gutta* wurde 1942 nach Theresienstadt deportiert, wo sie am 14. Juli 1943 starb.[242]

2. Ignatz Sachs

Ignatz Sachs, am 25. April 1883 in Bibra als Sohn von *Rudolf* und *Flora Sachs* geboren, hatte Rechtswissenschaft in Jena studiert. Am 19. April 1933 musste er sein Notariat niederlegen. Er blieb bis zum endgültigen Berufsverbot am 27.09.1938 zumindest als Rechtsanwalt tätig. Im August 1938 sollte er zusätzlich die rechtliche Betreuung der jüdischen Bevölkerung als Konsulent übernehmen, weil er der einzige Jude sei, der in Meiningen noch als Rechtsanwalt geblieben war.[243] Allerdings hatte er sich zu diesem Zeitpunkt bereits entschieden auszuwandern. Für den Dezember 1938 ist eine Sicherheitsanordnung über sein Vermögen vermerkt.[244] Nach dem Verzeichnis von *Wolf* verstarb er 1964 in den USA.[245]

3. Jacob Simon

Jacob Simon, am 31. Juli 1865 als Sohn des Kaufmanns *Ludwig Simon* geboren, legte 1884 in Hildburghausen das Abitur ab. Anschließend studierte er in München, Leipzig und Jena unter anderem bei namhaften Professoren wie *Binding*, *Loening* und *Windscheid*. In Jena legte er die erste juristische Prüfung mit der Note „*vorzüglich*“ ab. Am 16. Mai 1887 fand das Doktorexamen statt. Nach der ebenso mit der Note „*vorzüglich*“ abgeschlossenen zweiten juristischen Prüfung wurde Simon 1892 in Meiningen als Rechtsanwalt zugelassen.[246] Am 27. Dezember 1897 heiratete er in Meiningen die aus Coburg stammende *Thea Silberstein*, ein Jahr später wurde Sohn *Ernst* geboren. 1912 erfolgte die Ernennung zum Notar, 1915 die Ernennung zum Justizrat.[247] In seinen Lebenser-

---

[241] Vgl. *Wolf*, Bd. 1 oder auch die Bekanntmachung in der Deutschen Justiz des Jahres 1937. In der von *Armin Human* im Jahre 1898 herausgegebenen Geschichte der Juden im Herzogtum Sachsen-Meiningen-Hildburghausen wird indes das Jahr 1863 als Geburtsjahr angegeben. Vgl. *Human*, S. 104.

[242] *Wolf*, Bd. 1.

[243] Vgl. ThHStAW, Akten des ThürOLG Jena, 1129/Bl. 12, 22.08.1938.

[244] Vgl. *Wolf*, Bd. 2.

[245] Ebenda.

[246] Vgl. *Wolf*, Bd. 2, *Simon*, S. 1.

[247] *Simon*, S. 78, 81.

innerungen finden sich allerlei interessante Ausführungen. So berichtete er über die Zeit nach dem Krieg und dem Ende der Monarchie:

> *„Schon während des Krieges machten sich Anzeichen eines neu hervorbrechenden Antisemitismus geltend, ... Nach dem Krieg kam aber ein wüster Antisemitismus zum Ausbruch. Wie immer war er ein demagogisches Mittel, um die Schuld auf einen Sündenbock abzuwälzen. Aber die Menge, hoch und niedrig, fällt immer darauf herein und begierig darüber her, wenn es gegen die Juden geht.“*[248]

Seine umfassenden Lebenserinnerungen, in denen er auch auf seine juristische Praxis eingeht, zeugen von einem nachdenklichen, reflektierenden Mann. So schreibt er auch:

> *„Von einer Judenfrage zu sprechen, ist verfehlt. Sie besteht nur da, wo sie gestellt, also künstlich aufgebracht wird. Man soll uns in Ruhe lassen, dann verschwindet sie von selbst. Was ist nun eigentlich die Ursache des Judenhasses durch die Jahrhunderte? Im letzten Grunde sind es zwei: Der Konkurrenzneid und die Eigenschaft der Juden als eine wehrlose Minderheit.“*[249]

Am 10. September 1933 musste Simon sein Notariat niederlegen. Als Anwalt konnte er noch bis zum Jahr 1938 tätig bleiben, da er seine Zulassung noch vor dem 1. August 1914 erworben hatte (gemäß dem Reichsgesetz über die Zulassung zur Rechtsanwaltschaft vom 7. April 1933). Die Fünfte Verordnung zum Reichsbürgergesetz vom 27. September 1938 erlaubte den Beruf als Rechtsanwalt generell nicht mehr.[250] Daraufhin verließ Simon Meiningen, um nach Frankfurt zu ziehen. Am 16. September 1942 wurde er nach Theresienstadt deportiert, wo er am 9. April 1943 – im Alter von 78 Jahren – den Tod fand.[251] Auch seine Frau *Thea* starb dort nur wenige Monate später.[252]

---

[248] *Simon*, S. 90.
[249] Simon, S. 201.
[250] Vgl. *Wolf*, Bd. 2, *Simon*, S. 1, 272 ff.
[251] Ebenda.
[252] Ebenda.

VI. Sondershausen

1. Kurt Boer

Kurt Boer wurde am 26. Februar 1880 als Sohn des Kommerzienrats und Hofagenten *Felix Boer* geboren[253] Nach dem Abitur im März 1899 studierte Boer in Lausanne, Leipzig, München, Berlin und Halle.[254] 1903 legte Boer die erste juristische Prüfung ab. Anschließend absolvierte er das Referendariat unter anderem an den Landgerichten Sondershausen und Bad Langensalza. Am 17. Februar 1909 wurde Boer schließlich zum Gerichtsassessor ernannt.[255] Bei „genügenden Rechtskenntnissen" wurden ihm „*Eifer, Fleiß und Gewissenhaftigkeit*" bescheinigt.[256] Nach Kriegsausbruch im Jahre 1914 war er, vom Staatsdienst beim Amtsgericht Kelbra beurlaubt, für das Rote Kreuz in Sondershausen tätig.[257] 1919 verließ er den Staatsdienst und ließ sich als Rechtsanwalt und Notar in Sondershausen nieder. Auch Boer musste – obwohl er 1899 zum evangelischen Glauben konvertiert war[258] – sein Notariat niederlegen. Für das Jahr 1933 sind nur noch 71 Geschäfte dokumentiert.

Nach dem Berufsverbot 1933 gibt es nur noch wenige Spuren. Am 10. November 1938 wurde er verhaftet und in das KZ Buchenwald gebracht.[259] Am gleichen Tag wurden in seinem Besitz befindliche Waffen aufgrund der Verordnung gegen den Waffenbesitz der Juden eingezogen.[260] In den Akten des Thüringer Hauptstaatsarchives findet sich zudem eine Beschwerde von Kurt Boer wegen der „*Judenvermögensabgabe*".[261] Nach den Angaben von *Wolf* ist Kurt Boer „verzogen".[262] Allerdings nahm sich Kurt Boer am 12. September 1942 das Leben. Auswanderungsabsichten hatte er zu keiner Zeit.[263] In einem Abschiedsbrief an seine Haushälterin und Vertraute *Erna Freise* klagte er:

---

[253] Vgl. *Wolf*, Bd. 1, *May*, S. 175.

[254] *May*, S. 176.

[255] Ebenda mit Verweis auf ThStA Rudolstadt, Ministerium Sondershausen, V. Abt., Nr. 673.

[256] Ebenda.

[257] Ebenda m.w.N.

[258] *May*, S. 177.

[259] Häftlingsnummernkarte 23525.

[260] *May*, S. 178 mit Verweis auf ein Schreiben des Polizeiamtes Sondershausen, Teilnachlass *Kurt Boer*, Stadt A Sondershausen, Bestand 4, Nr. 851.

[261] Der Oberfinanzpräsident Thüringen Nr. 511/Bl. 32.

[262] Vgl. *Wolf*, Bd. 1.

[263] Vgl. *May*, S. 178.

> *„Die mir immer mehr zusetzenden Schmerzen und die sich dauernd steigernden seelischen Aufregungen machen mir das Dasein zur Qual. Bisher habe ich versucht, alles zu ertragen, jetzt vermag ich es nicht mehr. Heimat und Vaterhaus verlassen zu müssen, an denen ich mit allen Fasern meines Herzens hänge und wo ich fast mein ganzes Leben verbracht habe, das geht über meine Kraft. Dazu fühle ich mich zu schwach und elend, daß ich mich kaum noch aufrecht erhalten kann und die mir bevorstehende Reise ganz gewiss nicht durchhalten werde. Da ist es dann schon besser, den Weg zu gehen, der mich von allen Nöten befreit. ...“*[264]

Darüber hinaus enthält der Brief Wünsche an Erna Freise und die Bitte um einen letzten Dienst: Die Asche einzuäschern und auf dem Friedhof im Brückentale beisetzen zu lassen.[265] *Wilhelm May* vermutet aufgrund eines fehlenden Datums im Abschiedsbrief, dass Kurt Boer seinen Freitod längere Zeit hinausgezögert hat.

2. Ludwig David

Auch das Leben von *Ludwig David*, geboren am 11. September 1884 in Sondershausen, ist gut dokumentiert. Nach dem Abitur im Jahre 1905 studierte er Rechtswissenschaft in Jena, Berlin, Heidelberg und Halle. Die erste juristische Staatsprüfung bestand David, der sich auch für volkswirtschaftliche Fragestellungen interessierte, im Juli 1908.[266] Das Referendariat leistete er unter anderem beim Landgericht Nordhausen und der Kanzlei des Rechtsanwalts, Notars und Mitglied des Preußischen Abgeordnetenhauses – *Felix Waldstein* – in Altona ab.[267] 1911 promovierte er in Heidelberg mit der knapp vierzig Seiten umfassenden Schrift: *„Die Ehescheidung bei Geisteskrankheit“*[268]. Nachdem er das Assessorexamen 1913 erstmalig nicht bestanden hatte und zum Ergänzungsvorbereitungsdienst nach Frankfurt am Main abgeordnet wurde, bestand er schließlich 1914 das Examen.[269] 1915 übernahm

[264] Teilnachlass *Kurt Boer*, Stadt A Sondershausen, Bestand 4, Nr. 851. Siehe auch *May*, S. 179.

[265] Ebenda.

[266] ThHStAW, Personalakte aus dem Bereich Justiz Nr. 1633.

[267] *Lengemann*, S. 182.

[268] Bibliothek der Juristischen Fakultät Heidelberg, JU/PD 7308 F198.

[269] ThHStAW, Personalakte aus dem Bereich Justiz Nr. 1633.

er Vertretungstätigkeiten für verschiedene Rechtsanwälte. Im gleichen Jahr heiratete er in Heidelberg die Kaufmannstochter *Mathilde Kastenberg*.[270] Vom Kriegsdienst blieb er – aufgrund eines Fußleidens für dienstuntauglich befunden – nahezu verschont. Nur für kurze Zeit war er der 4. Ersatzbatterie in Straßburg zugeteilt.[271] Im Dezember 1918 wurde er in Sondershausen als Anwalt zugelassen.[272] 1919 erfolgte die Ernennung zum Notar.[273] Im gleichen Jahr erfolgte auch seine Wahl zum Landtagssyndikus des Freistaates Schwarzburg-Sondershausen.[274] Nach einer Aussage im Wiedergutmachungsverfahren soll David zu jener Zeit SPD-Mitglied gewesen sein.[275]

1933 wurden David das Notariat und die Zulassung als Rechtsanwalt, sowohl für Sondershausen (Erlass des Thüringer Justizministeriums) als auch für den Landgerichtsbezirk Erfurt (Erlass des Preußischen Justizministers) entzogen.[276] Anträge auf Wiederzulassung wurden abgelehnt.[277] Auch die Appelle von Geistlichen halfen nicht.[278] Grundstücke und Immobilien, unter anderem die vom Vater geerbte Strickerei, wurden in den Jahren 1935, 1936 und 1938 weit unter Wert „verkauft".[279] Nach der Reichspogromnacht war David bis zum 14. Dezember 1938 mit der Häftlingsnummer 23526 in Buchenwalt interniert.[280] 1939 erfolgte die Auswanderung nach Haifa in Palästina.[281] Für die Zeit nach dem Krieg finden sich im Thüringer Hauptstaatsarchiv Akten zu Wiedergutmachungsansprüchen.[282] Besonders zu beachten ist die Akte, die alle Vorgänge zum Grundstück Göldnerstraße 4 erfasst. So wurde 1954 vom 3. Zivilsenat des OLG Erfurt die Schiedsklage der Eheleute David mit der Begründung abgewiesen, dass Ansprüche von Ausländern erst nach einem Friedensvertrag geregelt würden.[283]

---

[270] *Wolf*, Bd. 1, *Lengemann*, S. 183.

[271] ThHStAW; Personalakte aus dem Bereich Justiz Nr. 1633 sowie *Lengemann*, S. 183.

[272] Amtliche Bekanntmachung, Der Deutsche Nr. 300 v. 23.12.1918 sowie *Lengemann*, S. 183.

[273] *Lengemann*, S. 184.

[274] *Lengemann*, S. 185.

[275] ThHStAW, Oberlandesgericht Erfurt Nr. 987/Bl. 185.

[276] *Lengemann* S. 185, 185, Wolf, Bd. 1.

[277] *Lengemann*, S. 186, ThHStAW, Personalakte aus dem Bereich Justiz Nr. 1633.

[278] *Lengemann*, S. 186 – genannt wir u.a. den *Pfarrer Otto Fleischhauer*.

[279] Ebenda.

[280] *Lengemann*, S. 186, ThHStAW, KZ Buchenwald: Geldkarte Ludwig David.

[281] *Lengemann*, S. 188, anders *Wolf* wo vom Jahr 1938 die Rede ist.

[282] ThHStAW, Land Thüringen – Ministerium der Finanzen Nr. 3753.

[283] *Lengemann*, S. 189, ThHStAW, Oberlandesgericht Erfurt Nr. 988/Bl. 27.

F. Schicksale jüdischer Konsulenten

In einem Schreiben des Reichsministeriums der Justiz vom 28. Juli 1938 wurde die Zulassung jüdischer Konsulenten geregelt. Demnach konnten Konsulenten „ausschließlich rechtliche Beratung, gerichtliche und außergerichtliche Vertretung von Juden“[284] übernehmen. Der Geschäftssitz wurde zugewiesen. Das Gesuch um Zulassung als Konsulent musste an den Oberlandesgerichtspräsidenten gerichtet werden.[285] Frontkämpfer, aber auch Personen die in sogenannten Mischehen mit Arierinnen lebten, wurden besonders berücksichtigt.[286]

Um die Zahl der benötigten Konsulenten zu ermitteln, wurden detaillierte Auflistungen der Anzahl der „Prozesse mit Juden“ erstellt. Diese finden sich in den Akten des OLG. So fanden etwa im Landgerichtsbezirk Altenburg (Altenburg, Schmölln, Ronneburg und Meuselwitz) zwischen 1933 und 1937 insgesamt 514 Verfahren in Zivilsachen und 58 Verfahren in Strafsachen mit jüdischer Beteiligung statt.[287] Anhand dieser Zahlen wurde festgestellt, dass ein Jude als Konsulent *„nötig“* sei. 700-1000 anhängige Sachen wurden pro Konsulent als zumutbar erachtet.[288] Ein in den Akten des OLG Jena befindliches Schreiben aus dem Jahre 1938 bemerkt allerdings, dass die „Zahl der Sachen an denen Juden beteiligt sind“ stetig abnimmt. Dies geschehe „infolge des Wegzuges der Juden und des Übergangs jüdischer Geschäfte in arische Hand“.[289] Im Rahmen derartiger Betrachtungen wurde auch fest-

---

[284] ThHStAW, Akten des ThürOLG Jena, 1129/Bl. 1, 28.07.1938.

[285] *Majer*, S. 232.

[286] Ebenda.

[287] Vgl. ThHStAW, Akten des ThürOLG Jena, 1129/Bl. 5.

[288] Ebenda.

[289] Vgl. ThHStAW, Akten des ThürOLG Jena, 1129/Bl. 9.

gestellt, dass die Zahl der Juden im Westen und Südwesten Thüringens größer sei.[290]

Der Ostthüringer Raum wurde daher von Konsulenten aus Leipzig betreut. In den Akten gelistet sind: Dr. *Richard Cohn*, Dr. *Walter Lippmann*, *Herbert Strauß*, Dr. *Paul Zander*, Dr. *Max Zülzer* und *Max Heilpern*.[291]

Max Zülzer wurde am 18. Juni 1943 nach Theresienstadt deportiert, wo er am 23. Mai 1944 starb.[292] *Max Heilpern*, geboren am 2. März 1878, wanderte 1939 aus und starb im Jahre 1955 in Sydney.[293] *Richard Cohn* gab seine Konsulententätigkeit im Oktober 1940 auf. Er konnte noch rechtzeitig auswandern.[294] Cohn kehrte nach Deutschland zurück und starb 1959 in Hamburg.[295] Auch für *Paul Zander* vermerken die Akten die Aufgabe der Konsulententätigkeit aufgrund Auswanderung.[296] *Walter Lippmann* wurde mehrfach durch die Gestapo verhaftet und emigrierte schließlich 1941 in die USA.[297] Er kehrte später nach Deutschland zurück und ließ sich in Hamburg als Anwalt nieder. In der Nachkriegszeit setzte er sich beharrlich für die Rechte der NS-Verfolgten, insbesondere Wiedergutmachungsansprüche ein. 1985 wurde er mit dem Bundesverdienstkreuz ausgezeichnet. Er starb am 5. April 1986 in Hamburg.[298] In Nordhausen, damals nicht zu Thüringen gehörig und wie Erfurt dem OLG Naumburg zugeordnet, war der Sozialdemokrat und ehemalige Ministerialrat im Preußischen Finanzministerium *Fritz Schönbeck* als Konsulent zugelassen.[299] Er wanderte 1939 nach England aus und starb am 1. September 1971 in London.[300]

Der Notar *Bruno Oppenheim* wurde auf Vorschlag als Konsulent in Gotha zugelassen.[301] Ihm kam zugute, dass er für seine Teilnahme am Ersten Weltkrieg das Ehrenkreuz für Kriegsteilnehmer erworben hatte.

[290] Vgl. ThHStAW, Akten des ThürOLG Jena, 1129/Bl. 19.
[291] Vgl. ThHStAW, Akten des ThürOLG Jena, 1129/Bl. 34.
[292] Vgl. *Barlow*, JJIS, Nov. 2008, S. 3 Fn. 21.
[293] Vgl. *Barlow*, JJIS, Nov. 2008, S. 3.
[294] Vgl. ThHStAW, Akten des ThürOLG Jena, 1129/Bl. 152.
[295] Vgl. *Barlow*, JJIS, Nov. 2008, S. 10.
[296] Vgl. ThHStAW, Akten des ThürOLG Jena, 1129/Bl. 145.
[297] Vgl. *Barlow*, JJIS, Nov. 2008, S. 10.
[298] Ebenda m.w.N.
[299] Vgl. *Wolf*, Bd. 2.
[300] Ebenda.
[301] Vgl. ThHStAW, Akten des ThürOLG Jena, 1129/ Bl. 52, 11.01.1939.

Am 11. März 1939 gab er aber sein Amt bereits wieder auf: er hatte sich entschlossen auszuwandern.[302]

Als Ersatz wurde Dr. *Alex Heilbrun* aus Erfurt bestellt, der nach der Ausdehnung des Konsulentenbezirkes nun für Eisenach, Erfurt, Gotha, und Meiningen zuständig war. Heilbrun, geboren am 3. Oktober 1879 in Mühlhausen, hat es nicht mehr geschafft, rechtzeitig auszuwandern. Am 7. Mai 1942 schrieb er an das Oberlandesgericht:

> *„Hiermit teile ich ergebenst mit, dass ich am 9. Mai 1942 evakuiert werde. Mein zukünftiger Aufenthalt ist mir nicht bekannt."*[303]

Heilbrun gilt seither als verschollen im Distrikt Lublin.[304]

Die Konsulententätigkeit führte der ehemalige Erfurter Notar und Anwalt *Felix Meyer* fort. Für ihn bemerken die Akten:

> *„Konsulent Felix Israel Meyer hat seine Berufsausübung mit Ablauf des 18. September 1942 aufgegeben".*[305]

Auch Meyer wurde „evakuiert".[306] Er wurde ins KZ Buchenwald gebracht und mit dem Transport XVI/1-769 nach Theresienstadt deportiert, wo er am 2. Januar 1944 starb.[307] Fortan wurde der OLG-Bezirk Jena durch *Justin Baum* aus Bamberg und *Richard Müller* aus Würzburg mitbetreut.[308] Baum überlebte den Holocaust nicht. Er gilt seit Ende 1944 als vermisst und wurde vermutlich im Lager Groß Rosen nahe Breslau ermordet.[309] Müller überlebte indes und starb am 20. Januar 1953.[310]

---

[302] Vgl. ThHStAW, Akten des ThürOLG Jena, 1129/Bl. 75, 21.03.1939.

[303] ThHStAW, Akten des ThürOLG Jena, 1129/Bl. 165, 07.05.1942.

[304] Vgl. *Wolf*, Bd. 1.

[305] Vgl. ThHStAW, Akten des ThürOLG Jena, 1129/Bl. 170.

[306] Vgl. ThHStAW, Akten des ThürOLG Jena, 1129/Bl. 171.

[307] Vgl. *Wolf*, Bd. 2. In Theresienstadt wurde auch seine Ehefrau *Linda Meyer* Opfer der Vernichtungsmaschinerie.

[308] Vgl. ThHStAW, Akten des ThürOLG Jena, 1129/Bl. 178.

[309] *Weber*, S. 136.

[310] Ebenda m.w.N.

Anlagen

Anlage 1

Aufschlüsslung aller Geschäfte („Jüdische“ Notare)

	Jahr	1931	1932	1933	1934	1935
Eisenach						
Backhaus	Beurkundungen	70	60	10	0	0
	Beglaubigungen	67	80	24	0	0
	Sonstiges	119	72	11	0	0
	Summe d. Geschäfte	*256*	*212*	*45*	*0*	*0*
Blüth	Beurkundungen	43	72	15	0	0
	Beglaubigungen	40	51	21	0	0
	Sonstiges	86	49	7	0	0
	Summe d. Geschäfte	*169*	*172*	*43*	*0*	*0*
Brückmann	Beurkundungen	48	68	11	40	21
	Beglaubigungen	58	42	15	54	30
	Sonstiges	143	75	12	0	7
	Summe d. Geschäfte	*249*	*185*	*38*	*94*	*58*
Sommerfeld	Beurkundungen	55	57	30	40	21
	Beglaubigungen	70	83	29	54	30
	Sonstiges	59	31	29	0	7
	Summe d. Geschäfte	*184*	*171*	*88*	*94*	*58*
Speyer	Beurkundungen	75	79	31	47	16
	Beglaubigungen	41	58	48	25	24
	Sonstiges	91	66	36	17	10
	Summe d. Geschäfte	*207*	*203*	*115*	*89*	*50*
Stern	Beurkundungen	111	93	42	37	12
	Beglaubigungen	84	48	42	27	15
	Sonstiges	148	46	17	14	6
	Summe d. Geschäfte	*343*	*187*	*101*	*78*	*33*
	Durchschnitt Summe	***296***	***220***	***151***	***165***	***179***
Gera						
Baumgart	Beurkundungen	68	93	22	0	0
	Beglaubigungen	24	22	21	0	0
	Sonstiges	52	56	0	0	0
	Summe d. Geschäfte	*144*	*171*	*43*	*0*	*0*

Hauptmann	Beurkundungen	147	137	50	0	0
	Beglaubigungen	60	85	28	0	0
	Sonstiges	33	35	6	0	0
	Summe d. Geschäfte	*240*	*257*	*84*	*0*	*0*
	Durchschnitt Summe	***433***	***366***	***240***	***273***	***316***
Gotha						
Gutmann	Beurkundungen	147	137	50	0	0
	Beglaubigungen	60	85	28	0	0
	Sonstiges	33	35	6	0	0
	Summe d. Geschäfte	*240*	*257*	*84*	*0*	*0*
Oppenheim	Beurkundungen	96	62	29	13	6
	Beglaubigungen	58	34	34	27	11
	Sonstiges	11	10	3	0	0
	Summe d. Geschäfte	165	106	66	40	17
	Durchschnitt Summe	***514***	***336***	***272***	***277***	***325***
Meiningen						
Laub	Beurkundungen	88	59	34	50	78
	Beglaubigungen	45	84	34	35	28
	Sonstiges	1359	618	224	39	7
	Summe d. Geschäfte	*1492*	*761*	*292*	*124*	*113*
Sachs	Beurkundungen	20	18	4	0	0
	Beglaubigungen	56	79	23	0	0
	Sonstiges	96	86	10	0	0
	Summe d. Geschäfte	*172*	*183*	*37*	*0*	*0*
Simon	Beurkundungen	12	9	2	0	0
	Beglaubigungen	21	16	2	0	0
	Sonstiges	54	28	9	0	0
	Summe d. Geschäfte	*87*	*53*	*13*	*0*	*0*
	Durchschnitt Summe	***291***	***196***	***126***	***157***	***189***
Sondershausen						
Boer	Beurkundungen	107	150	44	0	0
	Beglaubigungen	31	38	7	0	0
	Sonstiges	129	87	20	0	0
	Summe d. Geschäfte	*267*	*275*	*71*	*0*	*0*

David	Beurkundungen	391	347	83	0	0
	Beglaubigungen	86	81	24	0	0
	Sonstiges	123	112	17	0	0
	Summe d. Geschäfte	*600*	*540*	*124*	*0*	*0*
	Durchschnitt Summe	***467***	***389***	***201***	***160***	***161***
Weimar						
May	Beurkundungen	95	66	16	0	0
	Beglaubigungen	65	58	12	0	0
	Sonstiges	73	55	0	0	0
	Summe d. Geschäfte	*233*	*179*	*28*	*0*	*0*
Ledermann	Beurkundungen	0	24	17	0	0
	Beglaubigungen	0	4	10	0	0
	Sonstiges	0	9	0	0	0
	Summe d. Geschäfte	*0*	*37*	*27*	*0*	*0*
	Durchschnitt Summe	***218***	***146***	***124***	***0***	***0***

Anlage 2

Aufschlüsslung aller Geschäfte („Deutsche“ Notare)

	Jahr	**1931**	**1932**	**1933**	**1934**	**1935**
Eisenach						
Ratenbacher	Beurkundungen	230	192	76	66	93
	Beglaubigungen	88	83	74	64	64
	Sonstiges	157	103	82	59	43
	Summe d. Geschäfte	*475*	*378*	*232*	*189*	*200*
Wehling	Beurkundungen	109	148	123	83	114
	Beglaubigungen	74	87	61	44	44
	Sonstiges	249	168	154	88	71
	Summe d. Geschäfte	*432*	*403*	*338*	*215*	*229*
	Durchschnitt Summe	***296***	***220***	***151***	***165***	***179***

Gera						
Degenkolb	Beurkundungen	181	173	125	126	123
	Beglaubigungen	167	29	124	102	183
	Sonstiges	1105	1056	378	297	409
	Summe d. Geschäfte	*1453*	*1258*	*627*	*525*	*715*
Körner	Beurkundungen	108	98	85	109	91
	Beglaubigungen	82	67	42	54	47
	Sonstiges	95	62	26	38	63
	Summe d. Geschäfte	*285*	*227*	*153*	*201*	*201*
Leffler	Beurkundungen	184	223	176	113	96
	Beglaubigungen	30	31	46	49	55
	Sonstiges	170	134	93	59	92
	Summe d. Geschäfte	*384*	*388*	*315*	*221*	*243*
	Durchschnitt Summe	***433***	***366***	***240***	***273***	***316***
Gotha						
Hillmann	Beurkundungen	97	138	89	135	123
	Beglaubigungen	127	203	156	175	258
	Sonstiges	206	133	189	199	214
	Summe d. Geschäfte	*430*	*474*	*434*	*509*	*595*
	Durchschnitt Summe	***514***	***336***	***272***	***277***	***325***
Meiningen						
Schumann	Beurkundungen	79	77	41	41	48
	Beglaubigungen	46	76	39	62	31
	Sonstiges	87	62	43	44	25
	Summe d. Geschäfte	*212*	*215*	*123*	*147*	*104*
Schattenburg	Beurkundungen	84	57	36	67	101
	Beglaubigungen	49	82	33	30	65
	Sonstiges	52	38	61	65	99
	Summe d. Geschäfte	*185*	*177*	*130*	*162*	*265*
	Durchschnitt Summe	***291***	***196***	***126***	***157***	***189***
Sondershausen						
Jödicke	Beurkundungen	174	182	221	217	237
	Beglaubigungen	64	52	55	85	74
	Sonstiges	206	78	93	111	105
	Summe d. Geschäfte	*444*	*312*	*369*	*413*	*416*

Toll	Beurkundungen	439	344	129	129	133
	Beglaubigungen	47	45	53	36	49
	Sonstiges	68	40	58	59	46
	Summe d. Geschäfte	*554*	*429*	*240*	*224*	*228*
	Durchschnitt Summe	***467***	***389***	***201***	***160***	***161***
Weimar						
Wagner	Beurkundungen	24	25	29	18	43
	Beglaubigungen	60	38	9	13	14
	Sonstiges	40	18	20	5	9
	Summe d. Geschäfte	*124*	*81*	*58*	*36*	*66*
	Durchschnitt Summe	***218***	***146***	***124***	***0***	***0***

Anlage 3

Auflistung der Summe der Geschäfte

(Tabellarische und Graphische Darstellung der Geschäfte „Jüdischer“ und „Deutscher“* Notare)

	1931	**1932**	**1933**	**1934**	**1935**
Eisenach					
Backhaus	256	212	48	0	0
Blüth	169	172	43	0	0
Brückmann	249	185	38	0	0
Ratenbacher*	475	378	232	189	200
Sommerfeld	184	171	88	94	58
Speyer	207	203	115	89	50
Stern	343	187	101	78	33
Wehling*	432	403	338	215	229
Durchschnitt	***296***	***220***	***151***	***165***	***179***

	1931	1932	1933	1934	1935
Gera					
Baumgart	144	171	43	0	0
Degenkolb*	1453	1258	627	525	715
Hauptmann	240	257	84	0	0
Körner*	285	227	153	201	201
Leffler*	384	388	315	221	243
Durchschnitt	***433***	***365***	***240***	***273***	***316***

	1931	1932	1933	1934	1935
Gotha					
Hillmann*	430	474	434	509	595
Gutmann	256	138	51	0	0
Oppenheim	165	106	66	40	17
Durchschnitt	***514***	***336***	***272***	***277***	***325***

	1931	1932	1933	1934	1935
Meiningen					
Laub	1492	761	292	124	113
Sachs	172	183	37	0	0
Schumann*	212	215	123	147	104
Schattenberg*	185	177	130	162	265
Simon	87	53	13	0	0
Durchschnitt	***291***	***196***	***126***	***157***	***189***

	1931	1932	1933	1934	1935
Sondershausen					
Boer	267	275	71	0	0
David	600	540	124	0	0
Jödicke*	444	312	369	413	416
Toll*	554	429	240	224	228
Durchschnitt	***467***	***389***	***201***	***160***	***161***

	1931	1932	1933	1934	1935
Weimar					
Ledermann	0	37	27	0	0
May	233	179	28	0	0
Wagner*	124	81	58	0	0
Durchschnitt	***218***	***146***	***124***	***0***	***0***

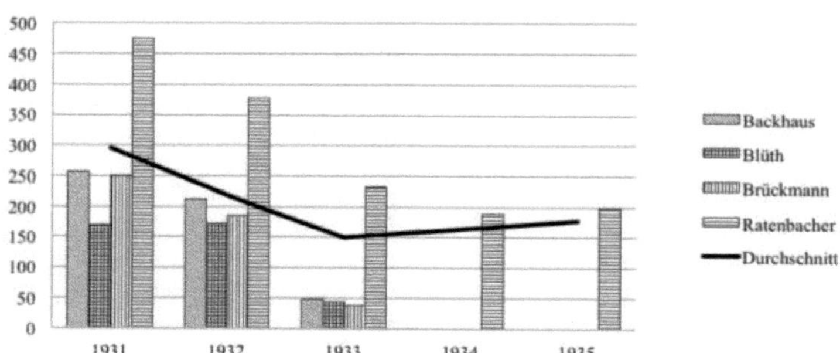

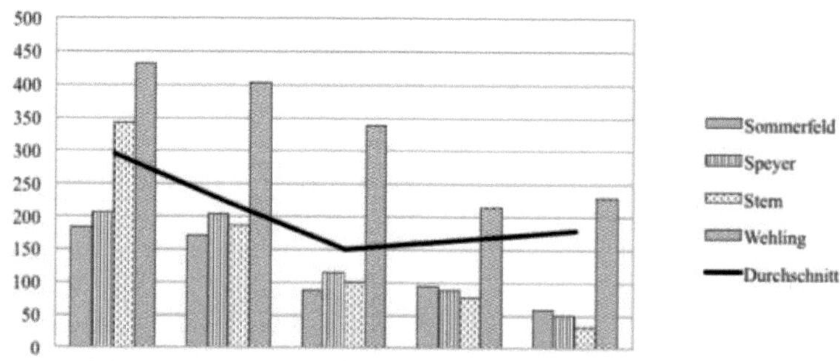

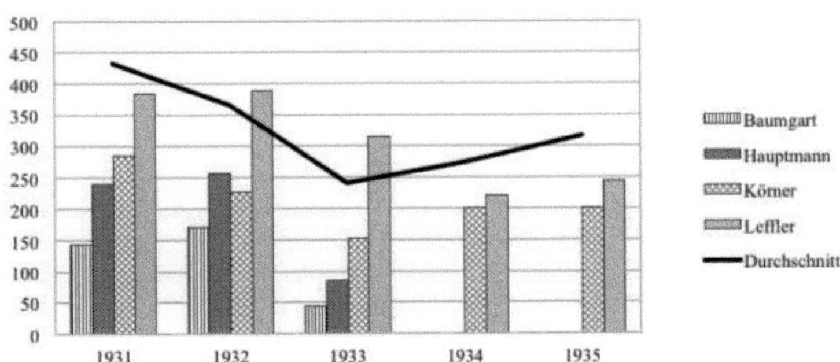
Gera - Summe der Geschäfte (ohne Degenkolb)
500
450
400
350
300
250
200
150
100
50
0
1931
1932
1933
1934
1935
Baumgart
Hauptmann
Körner
Leffler
Durchschnitt

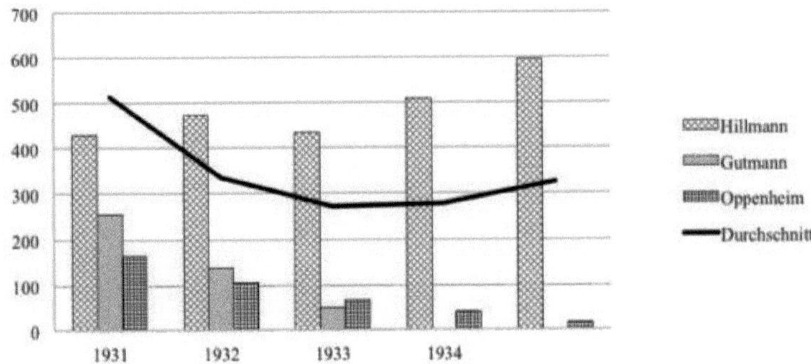
Gotha - Summe der Geschäfte
700
600
500
400
300
200
100
0
1931
1932
1933
1934
Hillmann
Gutmann
Oppenheim
Durchschnitt

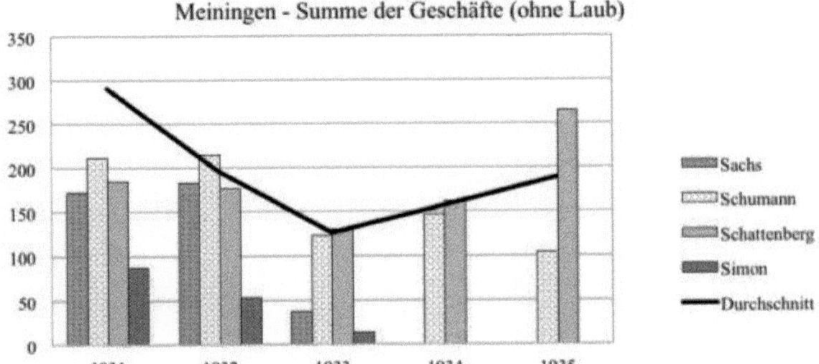
Meiningen - Summe der Geschäfte (ohne Laub)
350
300
250
200
150
100
50
0
1931
1932
1933
1934
1935
Sachs
Schumann
Schattenberg
Simon
Durchschnitt

Meiningen - Summe der Geschäfte

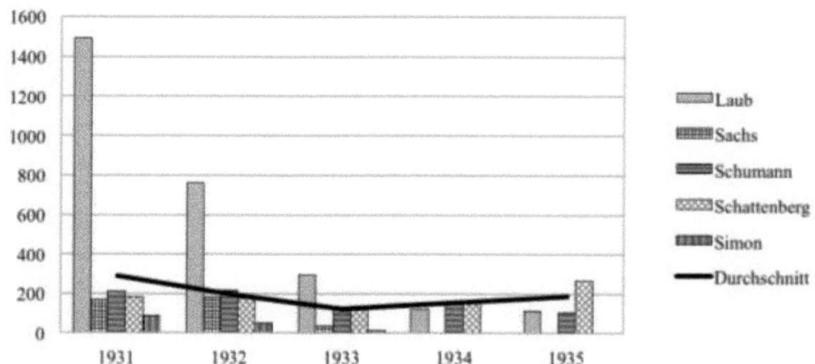

Sondershausen - Summe der Geschäfte

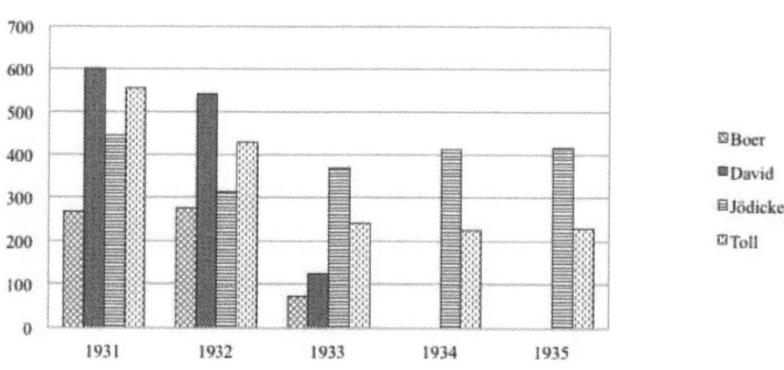

Weimar - Summe der Geschäfte

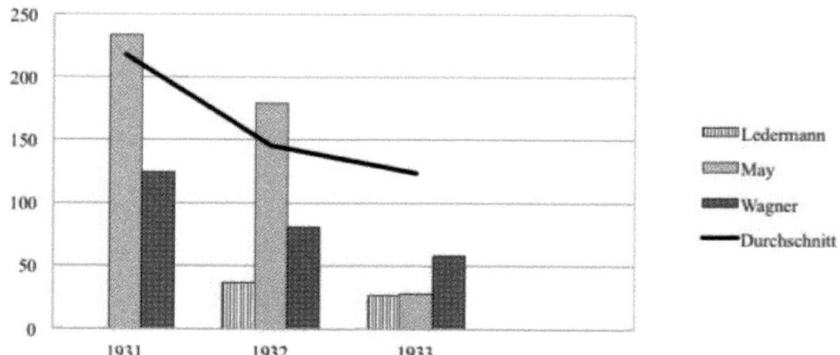

Die für die Tabellen und graphischen Darstellungen entnommenen Zahlen entstammen alle den im Thüringer Hauptstaatsarchiv vorhandenen Akten des OLG-Bezirks Jena zu den jährlich erhobenen Geschäftszahlen der Notare (Vgl. ThHStAW, Akten des ThürOLG Jena, 1127). Die dargelegten „deutschen“ Notare sind nur eine Vergleichsauswahl. In den jeweiligen Orten waren weit mehr Notare zugelassen. Anders als in den Akten wurden Wechselgeschäfte oder Eidesstattliche Versicherungen aus Gründen der Übersichtlichkeit unter Sonstiges gezählt.

Gesetze, Verordnungen und Materialien

Gesetz zur Wiederherstellung des Berufsbeamtentums

Vom 7. April 1933

Die Reichsregierung hat das folgende Gesetz beschlossen, das hiermit verkündet wird:

§ 1

(1) Zur Wiederherstellung eines nationalen Berufsbeamtentums und zur Vereinfachung der Verwaltung können Beamte nach Maßgabe der folgenden Bestimmungen aus dem Amt entlassen werden, auch wenn die nach dem geltenden Recht hierfür erforderlichen Voraussetzungen nicht vorliegen.

(2) Als Beamte im Sinne dieses Gesetzes gelten unmittelbare und mittelbare Beamte des Reichs, unmittelbare und mittelbare Beamte der Länder und Beamte der Gemeinden und Gemeindeverbände, Beamte von Körperschaften des öffentlichen Rechts sowie diesen gleichgestellten Einrichtungen und Unternehmungen. Die Vorschriften finden auch Anwendung auf Bedienstete der Träger der Sozialversicherung, welche die Rechte und Pflichten der Beamten haben.

(3) Beamte im Sinne dieses Gesetzes sind auch Beamte im einstweiligen Ruhestand.

(4) Die Reichsbank und die Deutsche Reichsbahn-Gesellschaft werden ermächtigt, entsprechende Anordnungen zu treffen.

§ 2

(1) Beamte, die seit dem 9. November 1918 in das Beamtenverhältnis eingetreten sind, ohne die für ihre Laufbahn vorgeschriebene oder übliche Vorbildung oder sonstige Eignung zu besitzen, sind aus dem Dienste zu entlassen. Auf die Dauer von drei Monaten nach der Entlassung werden ihnen ihre bisherigen Bezüge belassen.

(2) Ein Anspruch auf Wartegeld, Ruhegeld oder Hinterbliebenenversorgung und auf Weiterführung der Amtsbezeichnung, des Titels, der Dienstkleidung und der Dienstabzeichen steht ihnen nicht zu.

(3) Im Falle der Bedürftigkeit kann ihnen, besonders wenn sie für mittellose Angehörige sorgen, eine jederzeit widerrufliche Rente bis zu einem Drittel des jeweiligen Grundgehalts der von ihnen zuletzt bekleideten Stelle bewilligt werden; eine Nachversicherung nach Maßgabe der reichsgesetzlichen Sozialversicherung findet nicht statt.

(4) Die Vorschriften des Abs. 2 und 3 finden auf Personen der im Abs. 1 bezeichneten Art, die bereits vor dem Inkrafttreten dieses Gesetzes in den Ruhestand getreten sind, entsprechende Anwendung.

§ 3

(1) Beamte, die nicht arischer Abstammung sind, sind in den Ruhestand (§§ 8 ff.) zu versetzen; soweit es sich um Ehrenbeamte handelt, sind sie aus dem Amtsverhältnis zu entlassen.

(2) Abs. 1 gilt nicht für Beamte, die bereits seit dem 1. August 1914 Beamte gewesen sind oder die im Weltkrieg an der Front für das Deutsche Reich oder für seine Verbündeten gekämpft haben oder deren Vater oder Söhne im Weltkrieg gefallen sind. Weitere Ausnahmen können der Reichsminister des Innern im Einvernehmen mit dem zuständigen Fachminister oder die obersten Landesbehörden für Beamte im Ausland zulassen.

§ 4

Beamte, die nach ihrer bisherigen politischen Betätigung nicht die Gewähr dafür bieten, daß sie jederzeit rückhaltlos für den nationalen Staat eintreten, können aus dem Dienst entlassen werden. Auf die Dauer von drei Monaten nach der Entlassung werden ihnen ihre bisherigen Bezüge belassen. Von dieser Zeit an erhalten sie drei Viertel des Ruhegeldes (§ 8) und entsprechende Hinterbliebenenversorgung.

§ 5

(1) Jeder Beamte muß sich die Versetzung in ein anderes Amt derselben oder einer gleichwertigen Laufbahn, auch in ein solches von geringerem Rang und planmäßigem Diensteinkommen – unter Vergütung der vorschriftsmäßigen Umzugskosten – gefallen lassen, wenn es das dienstliche Bedürfnis erfordert. Bei Versetzung in ein Amt von geringerem Rang und planmäßigem Diensteinkommen behält der Beamte seine bisherige Amtsbezeichnung und das Diensteinkommen der bisherigen Stelle.

(2) Der Beamte kann an Stelle der Versetzung in ein Amt von geringerem Rang und planmäßigem Diensteinkommen (Abs. 1) innerhalb eines Monats die Versetzung in den Ruhestand verlangen.

§ 6

Zur Vereinfachung der Verwaltung können Beamte in den Ruhestand versetzt werden, auch wenn sie noch nicht dienstunfähig sind. Wenn Beamte aus diesem Grunde in den Ruhestand versetzt werden, so dürfen ihre Stellen nicht wieder besetzt werden.

§ 7

(1) Die Entlassung aus dem Amte, die Versetzung in ein anderes Amt und die Versetzung in den Ruhestand wird durch die oberste Reichs- oder Landesbehörde ausgesprochen, die endgültig unter Ausschluß des Rechtsweges entscheidet.

(2) Die Verfügungen nach §§ 2 bis 6 müssen spätestens am 30. September 1933 zugestellt werden. Die Frist kann im Einvernehmen mit dem Reichsminister des Innern verkürzt werden, wenn die zuständige Reichs- oder Landesbehörde erklärt, daß in ihrer Verwaltung die Maßnahmen dieses Gesetzes durchgeführt sind.

§ 8

Den nach §§ 3, 4 in den Ruhestand versetzten oder entlassenen Beamten wird ein Ruhegeld nicht gewährt, wenn sie nicht mindestens eine zehnjährige Dienstzeit vollendet haben; dies gilt auch in den Fällen, in denen nach den bestehenden Vorschriften der Reichs- oder Landesgesetzgebung Ruhegeld schon nach kürzerer Dienstzeit gewährt wird. §§ 36, 47 und 49 des Reichsbeamtengesetzes, das Gesetz über eine erhöhte Anrechnung der während des Krieges zurückgelegten Dienstzeit vom 4. Juli 1921 (Reichsgesetzbl. S. 825) und die entsprechenden Vorschriften der Landesgesetze bleiben unberührt.

§ 9

(1) Den nach §§ 3, 4 in den Ruhestand versetzten oder entlassenen Beamten darf bei der Berechnung der ruhegeldfähigen Dienstzeit, abgesehen von den Dienstzeit, die sie in ihrem letzten Anstellungsverhältnis zurückgelegt haben, nur eine Dienstzeit im Reichs-, Landes- und Gemeindedienst nach den bestehenden Vorschriften angerechnet werden. Die Anrechnung auch dieser Dienstzeit ist nur zulässig, wenn sie mit der zuletzt bekleideten Stelle nach Vorbildung und Laufbahn in Zusammenhang steht; ein solcher Zusammenhang liegt insbesondere vor, wenn der Aufstieg eines Beamten aus einer niedrigen Laufbahn in eine höhere als ordnungsmäßige Beförderung anzusehen ist. Würde der Beamte in einer früheren nach Vorbildung und Eignung ordnungsmäßig erlangten Stellung unter Hinzurechnung der späteren Dienstjahre ein höheres Ruhegeld erlangt haben, so greift die für ihn günstigere Regelung Platz.

(2) Die Anrechnung der Dienstzeit bei den öffentlich-rechtlichen Körperschaften sowie den diesen gleichgestellten Einrichtungen und Unternehmungen regeln die Ausführungsbestimmungen.

(3) Festsetzungen und Zusicherungen ruhegeldfähiger Dienstzeit, die der Durchführung der Vorschriften des Abs. 1 entgegenstehen, treten außer Kraft.

(4) Härten können bei Beamten des Reichs und der der Reichsaufsicht unterliegenden öffentlich-rechtlichen Körperschaften, Einrichtun-

gen und Unternehmungen der Reichsminister des Innern im Einvernehmen mit dem Reichsminister des Finanzen, bei anderen Beamten die obersten Landesbehörden ausgleichen.

(5) Abs. 1 bis 4 sowie § 8 finden auch auf solche Beamte Anwendung, die schon vor dem Inkrafttreten dieses Gesetzes in den Ruhestand oder in den einstweiligen Ruhestand getreten sind und auf die die §§ 2 bis 4 hätten angewandt werden können, wenn die Beamten beim Inkrafttreten dieses Gesetzes noch im Dienst gewesen wären. Die Neufestsetzung der ruhegeldfähigen Dienstzeit und des Ruhegeldes oder des Wartegeldes hat spätestens bis zum 30. September 1933 mit Wirkung vom 1. Oktober 1933 an zu erfolgen.

§ 10

(1) Richtlinien, die für die Höhe der Besoldung vom Beamten aufgestellt sind, werden der Berechnung der Dienstbezüge und des Ruhegeldes zugrunde gelegt. Liegen Entscheidungen der zuständigen Behörde über die Anwendung der Richtlinien noch nicht vor, so haben die unverzüglich zu ergehen.

(2) Haben Beamten nach der Entscheidung der zuständigen Behörde über die Anwendung der Richtlinien höhere Bezüge erhalten, als ihnen hiernach zustanden, so haben sie die seit 1. April 1932 empfangenen Mehrbeträge an die Kasse zu erstatten, aus der die Bezüge gewährt worden sind. Der Einwand der nicht mehr bestehenden Bereicherung (§ 812 ff. BGB.) ist ausgeschlossen.

(3) Abs. 1 und 2 gilt auch für Personen, die innerhalb eines Jahres vor dem Inkrafttreten dieses Gesetzes in den Ruhestand getreten sind.

§ 11

(1) Sind bei der Festsetzung eines Besoldungsdienstalters Beamten, die auf Grund der §§ 3, 4 ausscheiden, Beschäftigungen außerhalb des Reichs-, Landes- oder Gemeindedienstes angerechnet worden, so ist das Besoldungsdienstalter neu festzusetzen. Dabei darf nur eine Beschäftigung im Reichs-, Landes- oder Gemeindedienst oder, nach Maßgabe der

Ausführungsbestimmungen, im Dienst der öffentlich-rechtlichen Körperschaften sowie diesen gleichgestellten Einrichtungen und Unternehmungen angerechnet werden. Ausnahmen können für Reichsbeamte der Reichsminister des Innern im Einvernehmen mit dem Reichsminister der Finanzen, für andere Beamte die oberste Landesbehörde zulassen.

(2) Kommt nach Abs. 1 eine Neufestsetzung des Besoldungsdienstalters in Betracht, so ist bei den nach §§ 3, 4 in den Ruhestand versetzten oder entlassenen Beamten die Neufestsetzung jedenfalls mit der Festsetzung des Ruhegeldes vorzunehmen.

(3) Dasselbe gilt für die in § 9 Abs. 5 genannten Personen.

§ 12

(1) Die Bezüge der seit dem 9. November 1918 ernannten Reichsminister, die nicht nach den Vorschriften der §§ 16 bis 24 des Reichsministergesetzes vom 27. März 1930 (Reichsgesetzbl. I S. 96) berechnet sind, sind neu festzusetzen. Bei der Neufestsetzung sind die genannten Vorschriften des Reichsministergesetzes so anzuwenden, als ob sie bereits zur zeit des Ausscheidens des Reichsministers aus dem Amt in Kraft gewesen wären. Hiernach seit dem 1. April 1932 zuviel empfangene Bezüge sind zurückzuzahlen. Der Einwand der nicht mehr bestehenden Bereicherung (§ 812 ff. BGB.) ist unzulässig.

(2) Abs. 1 findet auf die seit dem 9. November 1918 ernannten Mitglieder einer Landesregierung mit der Maßgabe Anwendung, daß an die Stelle des Reichsministergesetzes die entsprechenden Vorschriften der Landesgesetze treten, jedoch Bezüge nur bis zu der Höhe gezahlt werden dürfen, die sich bei der Anwendung der Grundsätze der §§ 16 bis 24 des Reichsministergesetzes ergibt.

(3) Die Neufestsetzung der Bezüge hat bis zum 31. Dezember 1933 zu erfolgen.

(4) Nachzahlungen finden nicht statt.

§ 13

Die Hinterbliebenenbezüge werden unter entsprechender Anwendung der §§ 8 bis 12 berechnet.

§ 14

(1) Gegen die auf Grund dieses Gesetzes in den Ruhestand versetzten oder entlassenen Beamten ist auch nach ihrer Versetzung in den Ruhestand oder nach ihrer Entlassung die Einleitung eines Dienststrafverfahrens wegen der während des Dienstverhältnisses begangenen Verfehlungen mit dem Ziele der Aberkennung des Ruhegeldes, der Hinterbliebenenversorgung, der Amtszeichnung, des Titels, der Dienstkleidung und des Dienstabzeichens zulässig. Die Einleitung des Dienststrafverfahrens muß spätestens am 31. Dezember 1933 erfolgen.

(2) Abs. 1 gilt auch für Personen, die innerhalb eines Jahres vor dem Inkrafttreten dieses Gesetzes in den Ruhestand getreten sind und auf die die §§ 2 bis 4 anzuwenden gewesen wären, wenn dieses Personen beim Inkrafttreten dieses Gesetzes noch im Dienst gewesen wären.

§ 15

Auf Angestellte und Arbeiter finden die Vorschriften über Beamte sinngemäße Anwendung. Das Nähere regeln die Ausführungsbestimmungen.

§ 16

Ergeben sich bei der Durchführung dieses Gesetzes unbillige Härten, so können im Rahmen der allgemeinen Vorschriften höhere Bezüge oder Übergangsgelder gewährt werden. Die Entscheidung hierüber treffen für Reichsbeamte der Reichsminister des Innern im Einvernehmen mit dem Reichsminister der Finanzen, im übrigen die obersten Landesbehörden.

§ 17

(1) Der Reichsminister des Innern erläßt im Einvernehmen mit dem Reichsminister der Finanzen die zur Durchführung und Ausführung dieses Gesetzes erforderlichen Rechtsverordnungen und allgemeine Verwaltungsvorschriften.

(2) Erforderlichenfalls erlassen die obersten Landesbehörden ergänzende Vorschriften. Sie haben sich dabei im Rahmen der Reichsvorschriften zu halten.

§ 18

Mit Ablauf der im diesem Gesetze bestimmten Fristen werden, unbeschadet der auf Grund des Gesetzes getroffenen Maßnahmen, die für das Berufsbeamtentum geltenden allgemeinen Vorschriften wieder voll wirksam.

Berlin, den 7. April 1933

Der Reichskanzler
Adolf Hitler

Der Reichsminister des Innern
Frick

Der Reichsminister der Finanzen
Graf Schwerin von Krosigk

Gesetz über die Zulassung zur Rechtsanwaltschaft

Vom 7. April 1933

Die Reichsregierung hat das folgende Gesetz beschlossen, das hiermit verkündet wird:

§ 1

Die Zulassung von Rechtsanwälten, die im Sinne des Gesetzes zur Wiederherstellung des Berufsbeamtentums vom 7. April 1933 (Reichsgesetzbl. I S. 175) nicht arischer Abstammung sind, kann bis zum 30. September 1933 zurückgenommen werden.
Die Vorschrift des Abs. 1 gilt nicht für Rechtsanwälte, die bereits seit dem 1. August 1914 zugelassen sind oder im Weltkrieg an der Front für das Deutsche Reich oder für seine Verbündeten gekämpft haben oder deren Väter oder Söhne im Weltkrieg gefallen sind.

§ 2

Die Zulassung zur Rechtsanwaltschaft kann Personen, die im Sinne des Gesetzes zur Wiederherstellung des Berufsbeamtentums vom 7. April 1933 (Reichsgesetzbl. I S. 175) nicht arischer Abstammung sind, versagt werden, auch wenn die in der Rechtsanwaltsordnung hierfür vorgesehenen Gründe nicht vorliegen. Das gleiche gilt von der Zulassung einer der im § 1 Abs. 2 bezeichneten Rechtsanwälte bei einem anderen Gericht.

§ 3

Personen, die sich im kommunistischen Sinne betätigt haben, sind von der Zulassung zur Rechtsanwaltschaft ausgeschlossen. Bereits erteilte Zulassungen sind zurückzunehmen.

§ 4

Die Justizverwaltung kann gegen einen Rechtsanwalt bis zur Entscheidung darüber, ob von der Befugnis zur Zurücknahme der Zulassung gemäß § 1 Abs. 1 oder § 3 Gebrauch gemacht wird, ein Vertretungsverbot erlassen. Auf das Vertretungsverbot finden die Vorschriften des § 91 Abs. 2 bis 4 der Rechtsanwaltsordnung (Reichsgesetzbl. 1933 I S. 120) entsprechende Anwendung.
Gegen Rechtsanwälte der im § 1 Abs. 2 bezeichneten Art ist das Vertretungsverbot nur zulässig, wenn es sich um die Anwendung des § 3 handelt.

§ 5

Die Zurücknahme der Zulassung zur Rechtsanwaltschaft gilt als wichtiger Grund zur Kündigung der von dem Rechtsanwalt als Dienstberechtigter abgeschlossenen Dienstverträge.

§ 6

Ist die Zulassung eines Rechtsanwalts auf Grund dieses Gesetzes zurückgenommen, so finden auf die Kündigung von Mietverhältnissen über Räume, die der Rechtsanwalt für sich oder seine Familie gemietet hat, die Vorschriften des Gesetzes über das Kündigungsrecht der durch das Gesetz zur Wiederherstellung des Berufsbeamtentums betroffenen Personen vom 7. April 1933 (Reichsgesetzbl. I S. 187) entsprechende Anwendung. Das gleiche gilt für Angestellte von Rechtsanwälten, die dadurch stellungslos geworden sind, daß die Zulassung des Rechtsanwalts zurückgenommen oder gegen ihn ein Vertretungsverbot gemäß § 4 erlassen ist.

Berlin, den 7. April 1933

Der Reichskanzler
Adolf Hitler

Der Reichsminister der Justiz
Dr. Gürtner

Erste Verordnung zur Durchführung des Gesetzes zur Wiederherstellung des Berufsbeamtentums

Vom 11. April 1933

Auf Grund des § 17 des Gesetzes zur Wiederherstellung des Berufsbeamtentums vom 7. April 1933 (Reichsgesetzbl. I S. 175) wird verordnet was folgt:

Zu § 2 1.

Ungeeignet sind alle Beamte, die der kommunistischen Partei oder kommunistischen Hilfs- oder Ersatzorganisationen angehören. Sie sind daher zu entlassen.

Zu § 3 2.

(1) Als nicht arisch gilt, wer von nicht arischen, insbesondere jüdischen Eltern oder Großeltern abstammt. Es genügt, wenn ein Elternteil oder ein Großelternteil nicht arisch ist. Dies ist insbesondere dann anzunehmen, wenn ein Elternteil oder ein Großelternteil der jüdischen Religion angehört hat.

(2) Wenn ein Beamter nicht bereits am 1. August 1914 Beamter gewesen ist, hat er nachzuweisen, daß er arischer Abstammung oder Frontkämpfer, der Sohn oder Vater eines im Weltkrieg Gefallenen ist. Der Nachweis ist durch die Vorlegung von Urkunden (Geburtsurkunde und Heiratsurkunde der Eltern, Militärpapiere) zu erbringen.

(3) Ist die arische Abstammung zweifelhaft, so ist ein Gutachten des beim Reichsministerium des Innern bestellten Sachverständigen für Rasseforschung einzuholen.

Zu § 4

3.

(1) Bei der Prüfung, ob die Voraussetzungen des § 4 Satz 1 gegeben sind, ist die gesamte politische Betätigung des Beamten, insbesondere seit dem 9. November 1918, in Betracht zu ziehen.

(2) Jeder Beamte ist verpflichtet, der obersten Reichs- oder Landesbehörde (§ 7) auf Verlangen Auskunft darüber zu geben, welchen politischen Parteien er bisher angehört hat. Als politische Parteien im Sinne dieser Bestimmung gelten auch das Reichsbanner Schwarz-Rot-Gold, der Republikanische Richterbund und die Liga für Menschenrechte.

4.

Alle Verhandlungen, Urkunden und amtliche Bescheinigungen, die zur Durchführung dieses Gesetzes erforderlich werden, sind gebühren- und stempelfrei.

Berlin, den 11. April 1933

Reichsminister des Innern
Frick

Reichsminister der Finanzen
Graf Schwerin v. Krosigk

Gesetz zur Ergänzung des Gesetzes zur Wiederherstellung des Berufsbeamtentums Reichsbürgergesetz

Vom 20. Juli 1933

Die Reichsregierung hat das folgende Gesetz beschlossen, das hiermit verkündet wird:

Das Gesetz zur Wiederherstellung des Berufsbeamtentums vom 7. April 1933 (Reichsgesetzbl. I S. 175) wird wie folgt ergänzt:

1. Hinter § 2 ist folgende Vorschrift einzufügen:

§ 2a

(1) Beamte, die der kommunistischen Partei oder kommunistischen Hilfs- oder Ersatzorganisationen angehört oder sich sonst im kommunistischen Sinne betätigt haben, sind aus dem Dienst zu entlassen. Von der Entlassung kann bei solchen Beamten abgesehen werden, die sich schon vor dem 30. Januar 1933 einer Partei oder einem Verbande, die sich hinter die Regierung der nationalen Erhebung gestellt haben, angeschlossen und sich in der nationalen Bewegung hervorragend bewährt haben.

(2) Zu entlassen sind auch Beamte, die sich in Zukunft im marxistischen (kommunistischen oder sozialdemokratischen) Sinne betätigen.

(3) Auf die nach Abs. 1 und 2 entlassenen Beamten finden die Vorschriften des § 2 Abs. 1 Satz 2, Abs. 2 und 3 entsprechende Anwendung.

2. Im § 7 Abs. 2 ist hinter "§ 2" einzufügen ", 2a".

Berchtesgaden, den 20. Juli 1933

Der Reichskanzler
Adolf Hitler

Für den Reichsminister des Innern:
Der Reichsminister der Finanzen
Graf Schwerin von Krosigk

Reichsbürgergesetz

Vom 15. September 1935

Der Reichstag hat einstimmig das folgende Gesetz beschlossen, das hiermit verkündet wird:

§ 1

(1) Staatsangehöriger ist, wer dem Schutzverband des Deutschen Reiches angehört und ihm dafür besonders verpflichtet ist.

(2) Die Staatsangehörigkeit wird nach den Vorschriften des Reichs- und Staatsangehörigkeitsgesetzes erworben.

§ 2

(1) Reichsbürger ist nur der Staatsangehörige deutschen oder artverwandten Blutes, der durch sein Verhalten beweist, daß er gewillt und geeignet ist, in Treue dem Deutschen Volk und Reich zu dienen.

(2) Das Reichsbürgerrecht wird durch Verleihung des Reichsbürgerbriefes erworben.

(3) Der Reichsbürger ist der alleinige Träger der vollen politischen Rechte nach Maßgabe der Gesetze.

§ 3

Der Reichsminister des Innern erläßt im Einvernehmen mit dem Stellvertreter des Führers die zur Durchführung und Ergänzung des Gesetzes erforderlichen Rechts- und Verwaltungsvorschriften.

Nürnberg, den 15. September 1935,
am Reichsparteitag der Freiheit.

Der Führer und Reichskanzler
Adolf Hitler

Der Reichsminister des Innern
Frick

Erste Verordnung zum Reichsbürgergesetz

Vom 14. November 1935

Auf Grund des § 3 des Reichsbürgergesetzes vom 15. September 1935 (Reichsgesetzbl. I S. 1146) wird folgendes verordnet:

§ 1

(1) Bis zum Erlaß weiterer Vorschriften über den Reichsbürgerbrief gelten vorläufig als Reichsbürger die Staatsangehörigen deutschen oder artverwandten Blutes, die beim Inkrafttreten des Reichsbürgergesetzes das Reichstagswahlrecht besessen haben, oder denen der Reichsminister des Innern im Einvernehmen mit dem Stellvertreter des Führers das vorläufige Reichsbürgerrecht verleiht.

(2) Der Reichsminister des Innern kann im Einvernehmen mit dem Stellvertreter des Führers das vorläufige Reichsbürgerrecht entziehen.

§ 2

(1) Die Vorschriften des § 1 gelten auch für die staatsangehörigen jüdischen Mischlinge.

(2) Jüdischer Mischling ist, wer von einem oder zwei der Rasse nach volljüdischen Großelternteilen abstammt, sofern er nicht nach § 5 Abs. 2 als Jude gilt. Als volljüdisch gilt ein Großelternteil ohne weiteres, wenn er der jüdischen Religionsgemeinschaft angehört hat.

§ 3

Nur der Reichsbürger kann als Träger der vollen politischen Rechte das Stimmrecht in politischen Angelegenheiten ausüben und ein öffentliches Amt bekleiden. Der Reichsminister des Innern oder die von ihm ermächtigte Stelle kann für die Übergangszeit Ausnahmen für die Zulassung zu öffentlichen Ämtern gestatten. Die Angelegenheiten der Religionsgesellschaften werden nicht berührt.

§ 4

(1) Ein Jude kann nicht Reichsbürger sein. Ihm steht ein Stimmrecht in politischen Angelegenheiten nicht zu; er kann ein öffentliches Amt nicht bekleiden.

(2) Jüdische Beamte treten mit Ablauf des 31. Dezember 1935 in den Ruhestand. Wenn diese Beamten im Weltkrieg an der Front für das Deutsche Reich oder für seine Verbündeten gekämpft haben, erhalten sie bis zur Erreichung der Altersgrenze als Ruhegehalt die vollen zuletzt bezogenen ruhegehaltsfähigen Dienstbezüge; sie steigen jedoch nicht in Dienstaltersstufen auf. Nach Erreichung der Altersgrenze wird ihr Ruhegehalt nach den letzten ruhegehaltsfähigen Dienstbezügen neu berechnet.

(3) Die Angelegenheiten der Religionsgesellschaften werden nicht berührt.

(4) Das Dienstverhältnis der Lehrer an öffentlichen jüdischen Schulen bleibt bis zur Neuregelung des jüdischen Schulwesens unberührt.

§ 5

(1) Jude ist, wer von mindestens drei der Rasse nach volljüdischen Großeltern abstammt. § 2 Abs. 2 Satz 2 findet Anwendung.

(2) Als Jude gilt auch der von zwei volljüdischen Großeltern abstammende staatsangehörige jüdische Mischling,

a) der beim Erlaß des Gesetzes der jüdischen Religionsgemeinschaft angehört hat oder danach in sie aufgenommen wird,

b) der beim Erlaß des Gesetzes mit einem Juden verheiratet war oder sich danach mit einem solchen verheiratet,

c) der aus einer Ehe mit einem Juden im Sinne des Absatzes 1 stammt, die nach dem Inkrafttreten des Gesetzes zum Schutze des deutschen Blutes und der deutschen Ehre vom 15. September 1935 (Reichsgesetzbl. I S. 1146) geschlossen ist,

d) der aus dem außerehelichen Verkehr mit einem Juden im Sinne des Absatzes 1 stammt und nach dem 31. Juli 1936 außerehelich geboren wird.

§ 6

(1) Soweit in Reichsgesetzen oder in Anordnungen der Nationalsozialistischen Deutschen Arbeiterpartei und ihrer Gliederungen Anforderungen an die Reinheit des Blutes gestellt werden, die über § 5 hinausgehen, bleiben sie unberührt.

(2) Sonstige Anforderungen an die Reinheit des Blutes, die über § 5 hinausgehen, dürfen nur mit Zustimmung des Reichsministers des Innern und des Stellvertreters des Führers gestellt werden. Soweit Anforderungen dieser Art bereits bestehen, fallen sie am 1. Januar 1936 weg, wenn sie nicht von dem Reichsminister des Innern im Einvernehmen mit dem Stellvertreter des Führers zugelassen werden. Der Antrag auf Zulassung ist bei dem Reichsminister des Innern zu stellen.

§ 7

Der Führer und Reichskanzler kann Befreiungen von den Vorschriften der Ausführungsverordnungen erteilen.

Berlin, den 14. November 1935.

Der Führer und Reichskanzler
Adolf Hitler

Der Reichsminister des Innern
Frick

Der Stellvertreter des Führers
R. Heß
Reichsminister ohne Geschäftsbereich

Fünfte Verordnung zum Reichsbürgergesetz (Auszüge)

Vom 27. September 1938

[Auszüge]

Auf Grund des § 3 des Reichsbürgergesetzes vom 15. September 1935 (Reichsgesetzbl. I S. 1146) wird folgendes verordnet:

Artikel I

Ausscheiden der Juden aus der Rechtsanwaltschaft

§ 1

Juden ist der Beruf des Rechtsanwalts verschlossen. Soweit Juden noch Rechtsanwälte sind, scheiden sie nach Maßgabe der folgenden Vorschriften aus der Rechtsanwaltschaft aus.

a) Im alten Reichsgebiet:

Die Zulassung jüdischer Rechtsanwälte ist zum 30. November 1938 zurückzunehmen.

b) Im Lande Österreich:

§ 4

a) Die Besorgung fremder Rechtsangelegenheiten ist dem auf Grund dieser Verordnung aus der Rechtsanwaltschaft ausgeschiedenen Juden nach Maßgabe des Artikels 1 § 8 des Gesetzes zur Verhütung von Mißbräuchen auf dem Gebiete der Rechtsberatung vom 13. Dezember 1935 (Reichsgesetzbl. I S. 1478) untersagt.

§ 5

Den auf Grund dieser Verordnung aus der Rechtsanwaltschaft ausgeschiedenen Juden können, soweit sie Frontkämpfer sind, aus den Einnahmen der jüdischen Konsulenten (§ 14) bei Bedürftigkeit und Würdigkeit jederzeit widerrufliche Unterhaltszuschüsse gewährt werden. Nach Maßgabe der eingehenden Beträge können unter den gleichen Voraussetzungen auch anderen auf Grund dieser Verordnung aus der Rechtsanwaltschaft ausgeschiedenen Juden, soweit sie seit dem 1. August 1914 in der Rechtsanwaltsliste eingetragen waren, Unterhaltszuschüsse dieser Art gewährt werden.

§ 6

(1) Frontkämpfer im Sinne dieser Verordnung ist, wer im Weltkrieg (in der Zeit vom 1. August 1914 bis 31. Dezember 1918) auf Seiten des Deutschen Reichs oder seiner Verbündeten bei der fechtenden Truppe an einer Schlacht, einem Gefecht, einem Stellungskampf oder einer Belagerung teilgenommen hat. Es genügt nicht, wen sich jemand, ohne vor den Feind gekommen zu sein, während des Krieges aus dienstlichem Anlaß im Kriegsgebiet aufgehalten hat.

(2) Der Teilnahme an den Kämpfen des Weltkriegs steht die Teilnahme an den Kämpfen gleich, die nach ihm im Baltikum, ferner gegen die Feinde der nationalen Erhebung und zur Erhaltung deutschen Bodens geführt worden sind.

Artikel III

Rechtliche Beratung und Vertretung von Juden

§ 8

Zur rechtlichen Beratung und Vertretung von Juden erläßt die Justizverwaltung jüdische Konsulenten zu.

§ 9

(1) Jüdische Konsulenten werden nur zugelassen, wenn ein Bedürfnis besteht.

(2) Die Zulassung erfolgt auf Widerruf. Zum Zwecke der Stellvertretung eines zugelassenen jüdischen Konsulenten kann die Zulassung auch auf Zeit erfolgen.

(3) Die jüdischen Konsulenten und ihre Stellvertreter sollen, soweit angängig, aus der Zahl der nach § 1 dieser Verordnung aus der Rechtsanwaltschaft ausscheidenden Juden entnommen werden; Frontkämpfer sind nach Möglichkeit bevorzugt zu berücksichtigen.

§ 10

Jüdische Konsulenten dürfen nur Rechtsangelegenheiten von Juden sowie von jüdischen Gewerbebetrieben, jüdischen Vereinen, Stiftungen, Anstalten und sonstigen jüdischen Unternehmen geschäftsmäßig besorgen; insbesondere dürfen sie nur für diese die rechtliche Beratung, die gerichtliche und außergerichtliche Vertretung sowie die Einziehung von Forderungen übernehmen.

§ 11

(1) Den jüdischen Konsulenten wird ein bestimmter Ort für ihre berufliche Niederlassung zugewiesen. Die Unterhaltung von Zweigniederlassungen, auswärtigen Sprechtagen oder ähnlichen ständigen Einrichtungen an einem anderen Ort erfolgt nach näherer Bestimmung der Justizverwaltung.

(2) Soweit die jüdischen Konsulenten Rechtsangelegenheiten besorgen dürfen, können sie in einem von der Justizverwaltung zu bestimmenden Bezirk vor allen Gerichten und Verwaltungsbehörden sowie vor allen diesen übergeordneten Gerichten und Behörden auftreten und als Bevollmächtigte – auch gegenüber den Gegnern ihrer Auftraggeber – tätig werden. Dies gilt auch insoweit, als Rechtsanwälte in einem Verfahren nur tätig werden dürfen, wenn sie bei dem Gericht, vor dem das Verfahren schwebt, zugelassen sind; soweit sonstige einschränkende Vorschriften bestehen, gelten diese sinngemäß.

(3) Im Übrigen unterliegt die Berufstätigkeit der jüdischen Konsulenten keinen örtlichen Beschränkungen.

§ 12

Jüdische Konsulenten können im Armenrecht, als Notvertreter (entsprechend § 38 der Reichs-Rechtsanwaltsordnung) oder als Pflichtverteidiger beigeordnet werden. Soweit verfahrensrechtliche Vorschriften insbesondere § 91 Abs. 2, § 104 Abs. 2, §§ 135, 198, 212a der Reichs-Zivilprozeßordnung für Rechtsanwälte Vereinfachungen und sonstige Besonderheiten vorsehen, gelten sie für jüdische Konsulenten sinngemäß.

§ 13

Die jüdischen Konsulenten unterstehen der Aufsicht der Justizverwaltung.

§ 14

(1) Von ihren Auftraggebern erheben die jüdischen Konsulenten im eigenen Namen, jedoch für Rechnung einer vom Reichsminister der Justiz zu bestimmenden Ausgleichsstelle Gebühren und Auslagen nach Maßgabe der für Rechtsanwälte geltenden reichs- und landesrechtlichen Vorschriften. Von dem kostenpflichtigen Gegner des jüdischen Auftraggebers sind diese Beträge in gleicher Weise wie die Kosten eines Rechtsanwalts zu erstatten.

(2) Den jüdischen Konsulenten verbleibt als Vergütung für ihre Berufstätigkeit und als Entschädigung für Kanzleiunkosten - neben der Erstattung der notwendigen baren Aufwendungen für Reisen u. dgl. - ein Anteil an den aus ihrer Berufstätigkeit anfallenden Gebühren.

(3) Aus den der Ausgleichsstelle zufließenden Beträgen werden die nach § 5 dieser Verordnung zu leistenden Unterhaltszuschüsse gezahlt.

(4) Nähere Bestimmungen können durch allgemeine Verwaltungsanordnungen getroffen werden.

Artikel IV

Schluß- und Übergangsvorschriften .....

Berlin, den 27. September 1938.

Der Führer und Reichskanzler
Adolf Hitler

Der Reichsminister der Justiz
Dr. Gürtner

Der Reichsminister des Innern
Frick

Der Stellvertreter des Führers
R. Heß

Der Reichsminister der Finanzen
In Vertretung
Reinhardt

Materialien

Der Israelit v. 19. Februar 1931 (Nr. 8) S. 6

Schächtverbot in Gotha.

Berlin, 12. Febr.

Der Gothaer Stadtrat hat einen nationalsozialistischen Antrag auf Erlaß eines Schächtverbots für Gotha mit 17 gegen 14 Stimmen bei 4 Stimmenthaltungen angenommen. Für das Verbot stimmten die Nationalsozialisten, die Deutschnationalen und die Wirtschaftspartei, dagegen stimmten die Sozialdemokraten, die Deutsche Demokratische Partei und die Kommunisten. Die Deutsche Volkspartei enthielt sich der Stimme.

Die „C. V.-Zeitung" bemerkt dazu u. a.: Die Stellungnahme der Wirtschaftspartei überrascht deswegen, weil sich die in Betracht kommenden Wirtschaftsorganisationen, die der Partei nahestehen, aufs entschiedenste gegen das Verbot ausgesprochen haben, durch das sie schwere Schädigungen voraussahen . . . Die Gothaer Vorgänge beleuchten in dankenswerter Weise die Grundsatztreue gewisser Parteien und gestatten einen Vorausblick auf die Geschehnisse im thüringischen Landtag, wo bekanntlich in Kürze ein Betäubungszwangsgesetz für ganz Thüringen, in klarem Deutsch: ein Schächtverbot zur Abstimmung gelangen wird.

Jüdische Rundschau v. 10.03.1933 (Nr.20), S. 96

Preis dieser Nummer 50 Groschen

Jüdische Wochenschrift

Die Wahrheit

mit den Veröffentlichungen der „Union deutschösterreichischer Juden“ und den Amtlichen Verlautbarungen der Israelitischen Kultusgemeinde Wien

Erscheint jeden Freitag

Redaktion und Administration: Wien II., Heinestraße 13 — Telephon R 46-2-16

XLVII. Jahrgang | Wien, 17. April 1931 | Nummer 16

Fricks Glück und Ende.

Von Rechtsanwalt Dr. Julius Blüth, Eisenach.

Der nachfolgende Artikel behandelt die vor kurzem zu Ende gegangene Aera Frick, des nationalsozialistischen Ministers für Volksbildung und Inneres in Thüringen. Er bespricht insbesondere die Frage, wie es möglich war, daß in diesem Lande, das stets als besonders fortschrittlich galt und dessen Hauptstadt Weimar einst den Stolz deutscher Kultur und Größe bildete, ein Nationalsozialist ein so wichtiges Portefeuille übernehmen und schrankenlos verwalten konnte. Diese Frage wurde auch in Oesterreich immer wieder gestellt und ihre hier vorgenommene Beantwortung dürfte daher starkem Interesse begegnen. Der Aufsatz ist aber auch für uns Juden von Bedeutung, denn er legt die Maßnahmen dar, die Frick gegen die jüdische Glaubensgemeinschaft unternommen hat oder zu unternehmen beabsichtigte. Diese Maßnahmen zeigen den Nationalsozialismus in seiner ganzen antisemitischen Brutalität und Gefährlichkeit.

Der Nationalsozialismus gewinnt auch in Oesterreich — das haben die letzten Gemeinderatswahlen in Salzburg gezeigt — immer mehr an Ausbreitung. Die österreichischen Juden verkennen die Gefahren, die in dieser Bewegung liegen, deren Hauptkraft krassester Antisemitismus ist. Die folgenden Zeilen mögen ihnen beweisen, wie verderblich Indolenz und Passivität gegenüber dem Judenhaß dieser Partei sind, deren erster Exponent auf einem Ministerposten vor allem die Juden entrechten wollte.

Oesterreich ist sicherlich weit davon entfernt, in absehbarer Zeit einen Nationalsozialisten auf dem Ministersessel sitzen zu sehen. Aber die Aera Starhemberg-Hueber hat uns auch in dieser Hinsicht Vorsicht gelehrt. Wenn die Nationalsozialisten bei Wahlen mit solchen Erfolgen aufwarten können, daß mit ihnen als einem ernsten politischen Faktor gerechnet werden mag, dann können auch bei uns — aus einer ganz ähnlichen „taktischen“ Einstellung wie in Thüringen — Ueberraschungen eintreten, vor denen die österreichische Judenheit auf der Hut sein muß. Caveant consules . . . D. Red.

Die Regierungstätigkeit der nationalsozialistischen Mitglieder in der thüringischen Regierung, nämlich des Ministers Dr. Frick und des Staatsrats Marschler, ist zu Ende. Drei Fragen tauchen bei dieser Gelegenheit auf: Wie war es möglich, daß in Thüringen die Nationalsozialisten mit in die Regierung kommen konnten, was haben sie dort geleistet und ist mit ihrer Rückkehr in die Regierung zu rechnen?

Man geht oft im Auslande von der Auffassung aus, Thüringen sei die Hochburg des Nationalsozialismus geworden. Nichts ist falscher als eine solche Annahme. Thüringen ist lediglich das erste deutsche Land gewesen, in dem die Furcht der Bürger vor der Sozialdemokratie keine Koalition der mittleren Linie zuließ und den „nationalen“ Gesinnungsfreund, in völliger Verkennung des Parteiprogramms dieser Gruppe, lieber bei den Nationalsozialisten suchte. Thüringen hatte bis zum Beginn des Jahres 1924 eine rein sozialistische Parteiregierung hinter sich, die auf die Duldung durch die Kommunisten angewiesen war, mit allen Fehlern, die einer solchen Regierung naturgemäß dann anhaften müssen. Thüringen, ein rein evangelisches Land, entbehrt unter den bürgerlichen Parteien des Zentrums und setzt sich im wesentlichen aus Deutschnationalen, Wirtschaftspartei, Landbund und Volkspartei zusammen; die demokratische Staatspartei hat nur einen Abgeordneten. So war die Tendenz zur Bildung einer Regierungskoalition mit dem extrem rechten Flügel eher gegeben — wenn die Deutsche Volkspartei zustimmte. Ihre Infektion mit SPD-Furcht hat ihr den Anschluß erleichtert. Die Nationalsozialisten traten alsbald mit erheblichen Ansprüchen auf. Es gelang nicht, sie mit Staatsratssitzen zu befriedigen, und so erhielten sie neben einem Staatsratssitz auch einen der Ministerposten, und zwar leider nicht den eines Finanzministers, der Fähigkeiten verlangt und undankbar ist, sondern das Portefeuille für Volksbildung und Inneres, ein Amt, das unmittelbare Auswirkungen im Sinne der Parteirichtung zuläßt. Die Nationalsozialisten waren notwendig für die „bürgerlichen“ Parteien zur Mehrheitsbildung ohne Sozialdemokratie. Frick wurde von Hitler zum Minister „bestimmt“, und diesem Befehl beugten sich gehorsam die „Bürgerlichen“. Die thüringischen Nationalsozialisten hatten keinen Thüringer finden können, um „aus Eigenem“ einen Minister stellen zu können, und so kam der Bayer Frick ins Land Thüringen, wo die Nationalsozialisten insgesamt nur 6 Sitze von 53 Sitzen im Landtag haben! Damit war das erste Regierungstätigkeitsfeld der Nationalsozialisten erreicht, die Bindung der übrigen bürgerlichen Parteien, zum erheblichen Teil auch ihre innere Hinneigung war so stark, daß man lange Monate vor Frick und seinen Genossen nicht zu mucksen wagte.

Die „politische“ Wirksamkeit Fricks ist noch in aller Erinnerung: Ein reines „Partei“-Regiment, das er führte, kein Koalitionsregiment: Die Schulgebete wurden vorgeschrieben, der Verdacht der Umstellung der Landespolizei auf nationalsozialistische Parteieinstellung wurde wach, der Polizeizuschuß des Reiches wurde gesperrt, eine Rassenprofessur in Jena wurde errichtet, das Nationaltheater sollte von „Fachberatern“ auf „nordische“ Kunst umgestellt werden, die „Heimatschulen“ wurden nationalsozialistisch stark beeinflußt, das Schächten sollte den Juden verboten werden (der Entwurf liegt dem Landtag noch vor), die Beamten, die dem Ressort Frick unterstanden, sollten nach politischen Gesichtspunkten abgebaut werden, so wie es die Parteifreunde wünschten, das Nationaltheater wurde zu politischen Versammlungen mißbraucht, das Volk wurde vor „unsittlichen“ Dingen, die im Theater oder Film vorgespielt werden sollten, bewahrt, die wichtigsten Polizeidirektionen mit Parteifreunden als Leitern besetzt; für solche Personalpolitik spielten Sparsamkeitsrücksichten nicht die geringste Rolle. Das alles aber geschah durch den Bayern Frick, um Thüringen als selbständiges Land zu erhalten und es nicht „an den antichristlichen Marxismus“ (dies Preußen) auszuliefern! Einer erheblichen Anmaßung machten und machen sich noch heute (siehe Hitlers Dankbrief an Frick) diese Leute schuldig, indem sie behaupten, sie hätten Thüringen vor dem finanziellen Ruin bewahrt: Richtig ist, daß in Thüringen der Staatshaushalt, wenn auch nur sehr notdürftig, als ausgeglichen zu gelten hat, jedoch auf Grund seiner Steuerpolitik, die im wesentlichen von dem Finanzminister Baum geleitet wurde und die alles andere eher als sozial gelten kann: die Lasten wurden durch Erhöhung der Mietzinssteuer um 6 Prozent, Einführung einer Kopfsteuer, Einführung einer Berufssteuer für die freien Berufe usw. im wesentlichen auf die Schultern der kleinen Bevölkerung geladen. Mit so rohen Steuern, wie man sie hier, ohne jede Abschätzung der Steuerkraft des einzelnen angewendet hat, hat noch nie eine Partei, die angeblich sozial eingestellt sein will, gearbeitet! Das Steuerinteresse der Nationalsozialisten ging, obwohl sie sich als Arbeiterpartei bezeichnen, in der gleichen Richtung wie das der Wirtschaftspartei, der Deutschnationalen usw.

Der extremen Parteipolitik wagten die Koalitionsfreunde kaum zu widersprechen, und wenn sie es einmal bescheiden taten, wurde ihnen schwer zugesetzt, bis sich nach Sicherstellung des Haushaltsplanes für 1931/32 die Volkspartei das endlich nicht mehr gefallen ließ. Sie hatte zu lange geschwiegen.

Gern sind Frick und Marschler nicht aus der Regierung herausgegangen. Sie fühlten sich anscheinend, trotz ihrer grundsätzlichen Feindschaft gegen die Weimarer Verfassung, recht wohl auf dem einträglichen Ministersessel. Es wurde ein Ministerbesoldungsgesetz eingebracht, welches eine Herabsetzung der Ministergehälter auf 12.000 Mark brachte, gelten sollte es jedoch erst für den Nachfolger des Herrn Frick! Man kann den Abgang der Nationalsozialisten aus der Regierung nicht für würdig erachten, wenn man sich dabei die großen Worte, die diese Partei ständig machte, vergegenwärtigt. Man wollte so gern in der Regierung bleiben, daß man sich sogar herbeiließ, „Entschuldigungen“ für die Beschimpfungen, die man der Volkspartei angetan hatte, zu versuchen. Man habe „nur“ die Volkspartei im Reiche gemeint, die mit dem „schwarzen Wirth“ zusammenarbeite. Selbst Adolf Hitler wurde zur Rettung der Position in der letzten Minute nach Weimar geholt und versuchte dort sein Bestes zur Stützung der wankenden Regierungssitze. Der Versuch des Zusammenregierens mit einer eigenwilligen Partei, die die anderen Parteien nur beherrschen und herabsetzen will, erschien der Volkspartei untragbar, nicht dagegen dem Landbund, nicht der Wirtschaftspartei und den Deutschnationalen.

Was wird nun werden? Eine Koalition der vorgenannten drei Gruppen bis zur Sozialdemokratie ist, wenigstens auf die Dauer, kaum denkbar; wir werden in Thüringen in absehbarer Zeit den Landtag neuwählen müssen!

Die freundschaftliche Einstellung der drei obigen Parteien zu den Nationalsozialisten wird bleiben, tragen doch ihre Führer, wie der nationalsozialistische Gauleiter Sauckel schreibt, entweder das Hakenkreuz (!), wie Höfer vom Landbund, oder sie sind, wie Krausse und Gerstenhauer von der Wirtschaftspartei, absolut völkisch eingestellt. Für uns deutsche Juden liegt daher ein Grund zum Jubel nicht vor.

JÜDISCHE RUNDSCHAU

Presseschau

Zu Deutschlands Judenfrage

Das „Neue Wiener Journal" vom Dienstag, den 7. März, veröffentlicht ein Interview seines Berliner Korrespondenten mit dem Herrn Vizekanzler von Papen über die Neugestaltung der Dinge in Deutschland, in dessen Verlaut Vizekanzler von Papen auf die Frage nach der Position der Juden in Deutschland unter dem neuen Regime die Antwort gab:

„Die jüdischen Staatsbürger in Deutschland dürfen versichert sein, daß ihnen die gleiche Behandlung mit allen guten Staatsbürgern zuteil werden wird. Jeder jüdische Bürger, der die Staatsbürgerpflichten erfüllt, darf auf eine gleiche Behandlung seitens der Staatsautoritäten rechnen."

*

Grabstein von Walter Ledermann in Arnstadt

Literaturverzeichnis

Astel, Karl: Die Schicksalsfrage der weißen Völker, Rassendämmerung und ihre Meisterung durch Geist und Tat. Rede, gehalten in der Aula der Universität Jena vom Präsidenten des Thüringischen Landesamtes für Rassewesen, *Prof. Dr. med. Astel*, in: Völkischer Beobachter, 24.1.1935.

Barlow, Keith: Die Leipziger jüdischen Konsulenten. Das Schicksal der letzten zugelassenen jüdischen Rechtsanwälte der Stadt Leipzig (= Journal Juden in Sachsen, November 2008), S. 3 ff.

Benz, Wolfgang: Geschichte des Dritten Reiches, 5. Aufl., München 2011.

Brandenstein, Wilhelm: Handbuch des Altpersischen, Wiesbaden 1964.

Brunner, Reinhold: Von der Judengasse zur Karlstraße: *jüdisches Leben in Eisenach*, in: Schrift des Eisenacher Geschichtsvereins, Jena/ Weimar 2003.

Buchmann, Gerhard: Jenaer Judengeschichte (= Thüringer Untersuchungen zur Judenfrage, Heft 4), Weimar 1940.

Feder, Gottfried: Das Programm der NSDAP und seine weltanschaulichen Grundgedanken, 166.-169. Aufl., München 1935.

Frick, Wilhelm: Wiedergeburt des deutschen Beamtentums, DR 1934, S. 26 ff.

Friedländer, Saul/ Kenan, Orna: Das Dritte Reich und die Juden: 1933-1945, Gekürzte Ausgabe, München 2010.

Gibas, Monika: Arisierung in Thüringen: Ausgegrenzt. Ausgeplündert. Ausgelöscht, Leipzig 2009.

Göppinger, Horst: Juristen jüdischer Abstammung im Dritten Reich, 2. Aufl., München 1990.

Gruchmann, Lothar: Justiz im Dritten Reich 1933-1940. Anpassung und Unterwerfung in der Ära Gürtner, 3. verbesserte Aufl., München 2001.

Hattenhauer, Hans: Geschichte des deutschen Beamtentums, in: *Wiese, Walter* (Hrsg.), Handbuch des öffentlichen Dienstes, Bd. 1, 2. Aufl., Berlin/ Bonn/ Köln/ München 1993.

Heinemann, Isabel: Rasse, Siedlung, deutsches Blut. Das Rasse- und Siedlungshauptamt der SS und die rassenpolitische Neuordnung Europas, Göttingen 2003.

Hoßfeld, Uwe: Rassenkunde und Rassenhygiene im „Mustergau“, 1930-1945, (= Thüringen. Blätter zur Landeskunde, Bd. 41), Erfurt 2004.

Hoßfeld, Uwe/ John, Jürgen/ Lemuth, Oliver/ Stutz, Rüdiger: Kämpferische Wissenschaft: Zum Profilwandel der Jenaer Universität im Nationalsozialismus, S. 1 ff., in: *Hoßfeld, Uwe* (Hrsg.), „Im Dienst an Volk und Vaterland“: die Jenaer Universität in der NS-Zeit, Köln 2005.

Hubatsch, Walther: Hindenburg und der Staat. Aus den Papieren des Generalfeldmarschalls und Reichspräsidenten von 1878 bis 1934, Göttingen 1966.

Huber, Ernst Rudolf: Verfassungsrecht des Großdeutschen Reiches, 2. Aufl., Hamburg 1939.

Human, Armin: Geschichte der Juden im Herzogtum S.-Meiningen-Hildburghausen, Hildburghausen 1898.

John, Jürgen/ Stutz, Rüdiger: Die Jenaer Universität 1918-1945, in: Traditionen, Brüche, Wandlungen: Senatskommission zur Aufarbeitung der Jenaer Universitätsgeschichte im 20. Jahrhundert (Hrsg.), Die Universität Jena 1850-1995, Köln 2009.

Katz, Alfred: Staatsrecht: Grundkurs im öffentlichen Recht, 18. Aufl., Heidelberg 2012.

Kluge, Friedrich: Etymologisches Wörterbuch der deutschen Sprache, 22. Aufl., Berlin 1989.

Krach, Tillmann: Jüdische Rechtsanwälte in Preußen. Über die Bedeutung der freien Advokatur und ihre Zerstörung durch den Nationalsozialismus, München 1991.

Kroeschell, Karl: Deutsche Rechtsgeschichte Bd. 3, 5. Aufl., Stuttgart 2008.

Ladwig-Winters, Simone: Anwalt ohne Recht: Schicksale jüdischer Anwälte in Deutschland nach 1933, hrsg. von der Bundesrechtsanwaltskammer, Berlin 2007.

Lengemann, Jochen: Ludwig David: ein jüdischer Jurist als Rechtsanwalt in Sondershausen, Landschaftssyndikus im Freistaat Schwarzburg-Sondershausen und Opfer zweier deutscher Diktaturen, in: Juden in Schwarzburg. Beiträge zur Geschichte der Juden Schwarzburgs, Bd. 1, Dresden 2006, S. 181 ff.

Liesenberg, Carsten: „Wir täuschen uns nicht über die Schwere der Zeit“. Die Verfolgung und Vernichtung der Juden, in: *Heiden, Detlev/ Mai, Gunther* (Hrsg.), Nationalsozialismus in Thüringen, Weimar 1995, S. 444.

Matthiesen, Helge: Bürgertum und Nationalsozialismus in Thüringen: Das bürgerliche Gotha von 1918 bis 1930, (= Veröffentlichungen der Historischen Kommission für Thüringen, Kleine Reihe, Bd. 2), Jena 1994.

Majer, Dietmut: „Fremdvölkische“ im Dritten Reich: ein Beitrag zur nationalsozialistischen Rechtssetzung und Rechtspraxis in Verwaltung und Justiz unter besonderer Berücksichtigung der eingegliederten Ostgebiete und des Generalgouvernements, in: Schriften des Bundesarchivs, fast unveränd. Neuaufl., Boppart am Rhein 1993.

May, Wilhelm: Zum Schicksal des Sondershäuser Rechtsanwalts Kurt Boer, in: Juden in Schwarzburg. Beiträge zur Geschichte der Juden Schwarzburgs, Bd. 1, Dresden 2006, S. 175 ff.

Mommsen, Hans: Beamtentum im 3. Reich, Stuttgart, 1966.

Müller, Heinrich: Beamtentum und Nationalsozialismus, in: Nationalsozialistische Bibliothek, Heft 30, München 1933.

Müller, Bernhard: Alltag im Zivilisationsbruch: Das Ausnahme-Unrecht gegen die jüdische Bevölkerung in Deutschland 1933-1945, München 2003.

Mühl-Benninghaus, Sigrun: Das Beamtentum in der NS-Diktatur bis zum Ausbruch des Zweiten Weltkriegs. Zu Entstehung, Inhalt und Durchführung der einschlägigen Beamtengesetze, Bd. 48, Düsseldorf 1996.

Neef, Hermann: Die politische-weltanschauliche Reorganisation der deutschen Beamten im Sinn und Geist des Nationalsozialismus: Rede gehalten auf dem Reichsparteitag 1935, Berlin 1935.

Neliba, Günter: Wilhelm Frick und Thüringen als Experimentierfeld für die vorgezogene nationalsozialistische Machtergreifung, in: *Heiden, Detlev/ Mai, Gunther* (Hrsg.), Nationalsozialismus in Thüringen, Weimar 1995.

Nicolai, Helmut: Die rassegesetzliche Rechtslehre, Grundzüge einer nationalsozialistischen Rechtsphilosophie, 2. Aufl., München 1933.

Noack, Erwin: Kommentar zur Reichs-Rechtsanwaltsordnung, 2. Aufl., Leipzig 1937.

Noack, Erwin: Die Entjudung der Deutschen Anwaltschaft, JW 1938, S. 2796 f.

Nowak, Kurt: Kulturprotestantismus und Judentum in der Weimarer Republik, Göttingen 1993.

Przyrembel, Alexandra: Rassenschande. Reinheitsmythos und Vernichtungslegitimation im Nationalsozialismus, Göttingen 2003.

Raßloff, Steffen: Antisemitismus auf parlamentarischer Bühne. Die „jüdische Frage" im Thüringer Landtag 1920-1933, in: *Thüringer Landtag* (Hrsg.), Zwischen Mitgestaltung und Ausgrenzung: jüdische Abgeordnete und jüdisches Leben als Thema in Thüringer Parlamenten, Weimar 2007, S. 351 ff.

Raßloff, Steffen: Parteien und Landespolitik 1920-1933, (= Thüringen. Blätter zur Landeskunde, Bd. 58), Erfurt 2005.

Rönnefarth, Gabriele: Jüdische Geschäftsleute, Rechtsanwälte und Ärzte im 20. Jahrhundert, in: *Jenaer Arbeitskreis Judentum* (Hrsg.), Juden in Jena. Eine Spurensuche, Jena 1998.

Rücker, Simone: Das Ende der Rechtsberatung durch jüdische Juristen, in: Anwaltsblatt, 12/2007, S. 801 ff.

Rücker, Simone: Rechtsberatung. Das Rechtsberatungswesen von 1919-1945 und die Entstehung des Rechtsberatungsmissbrauchsgesetzes von 1935 (= Beiträge zur Rechtsgeschichte des 20. Jahrhunderts, Bd. 54), Tübingen 2007.

Schmidt, Hans-Georg: Das Notariat in Thüringen im Wandel der Zeiten, in: *Bauer, Hans- Joachim/ Werner, Olaf* (Hrsg.), Festschrift zur Wiedererichtung des Oberlandesgerichts Jena, München 1994.

Schmitt, Carl: Der Begriff des Politischen (1932), Nachdruck, Berlin 1963.

Schmitt, Carl: „Ein Jahr nationalsozialistischer Verfassungsstaat", in: Deutsches Recht 1934, S. 27 ff.

Schmitt, Carl: Das Problem der Legalität, in: Verfassungsrechtliche Aufsätze aus den Jahren 1924-1954, 2. Aufl., Berlin 1973, S. 440 ff.

Schmitz-Berning, Cornelia: Vokabular des Nationalsozialismus, Berlin 2007.

Schneider, Heinz Jürgen/ Schwarz, Erika/ Schwarz, Josef: Die Rechtsanwälte der Roten Hilfe Deutschlands: Politische Strafverteidiger in der Weimarer Republik. Geschichte und Biografien, Bonn 2002.

Schulle, Diana: Das Reichssippenamt, Eine Institution nationalsozialistischer Rassenpolitik, Berlin 2001.

Schulz, Gerhard: Die nationalsozialistische Machtergreifung. Studien z. Errichtung d. totalitären Herrschaftssystems in Deutschland 1933/34, in: *Bracher, Karl Dietrich/ Sauer, Wolfgang/ Schulz, Gerhard* (Hrsg.), Köln 1960.

Schwarz, Walter: Zum fünfundsiebzigsten Geburtstag von *Kurt May*, in: RzW 22 (1971), S. 388 f.

Seel, Hanns: Das Gesetz zur Wiederherstellung des Berufsbeamtentums, in: Deutsches Beamtenrecht, 1933.

Simon, Jacob: Ein jüdisches Leben in Thüringen. Lebenserinnerungen bis 1930 (= Veröffentlichungen der Historischen Kommission für Thüringen, Große Reihe, Bd. 17), Köln/ Weimar/ Wien 2009.

Simsohn, Werner: Jüdische Familiengeschichten, in: *Wiehn, Erhard R.* (Hrsg.), Juden in Gera, Bd. 2, Konstanz 1998.

Simsohn, Werner: Judenfeindschaft in der Zeitung: Leben, Leiden im NS-Staat, Folgen 1933-1945, in: *Wiehn, Erhard R.*, Bd. 3, Konstanz 2000.

Stolleis, Michael: Gemeinwohlformeln im nationalsozialistischen Recht, Berlin 1974.

Statistik Des Deutschen Reichs, Bd. 451, Heft 5: Die Glaubensjuden im Deutschen Reich, Berlin 1936.

Tarrab-Maslaton, Martin: Rechtliche Strukturen der Diskriminierung der Juden im Dritten Reich, Berlin 1993.

Tittelbach-Helmrich, Wolfgang: Arnstadts jüdische Mitbürger, Arnstadt 1995.

Tomuschat, Christian: Heinrich Triepel (1868-1946), in: *Grundmann, Stefan et al.* (Hrsg.), Festschrift 200 Jahre Juristische Fakultät der Humboldt-Universität zu Berlin. Geschichte, Gegenwart und Zukunft, Berlin 2010, S. 497 ff.

Walk, Joseph: Das Sonderrecht für die Juden im NS-Staat. Eine Sammlung der gesetzlichen Maßnahmen und Richtlinien. Inhalt und Bedeutung, 2. Aufl., Stuttgart 1996.

Weber, Reinhard: Das Schicksal der jüdischen Rechtsanwälte in Bayern nach 1933, München 2006.

Weber-Fas, Rudolph: Epochen deutscher Staatlichkeit: Vom Reich der Franken bis zur Bundesrepublik, Stuttgart 1996.

Weihe, Thomas: Die Personalpolitik der Filialgroßbanken 1919-1945. Interventionen, Anpassung, Ausweichbewegungen, Stuttgart 2006.

Weniger, Helmut: Die Zahlenmäßige Entwicklung der Anwaltschaft seit 1933, JW 1937, S. 1391 ff.

Willoweit, Dietmar: Deutsche Verfassungsgeschichte. Vom Frankenreich bis zur Wiedervereinigung Deutschlands, 6. Aufl., München 2009.

Wippermann, Wolfgang: Vergessener Krieg: Der Rassenmord an den Roma und seine Leugnung im Nachkriegsdeutschland, in: *Globisch, Claudia/ Pufelska, Agnieszka / Weiss, Volker* (Hrsg.), Die Dynamik der europäischen Rechten, Wiesbaden 2011.

Wolf, Siegfried u.a.: Juden in Thüringen 1933-1945. Biographische Daten, hrsg. vom Europäischen Kulturzentrum in Thüringen, Forschungsgruppe „Geschichte der Juden im nationalsozialistischen Thüringen“, Bd. 1, Erfurt 2000.

Wolf, Siegfried u.a.: Juden in Thüringen 1933-1945. Biographische Daten, hrsg. vom Europäischen Kulturzentrum in Thüringen, Forschungsgruppe „Geschichte der Juden im nationalsozialistischen Thüringen“, Bd. 2, Erfurt 2000.

FSC
www.fsc.org
MIX
Papier aus verantwortungsvollen Quellen
Paper from responsible sources
FSC® C105338